LE JOUR DE LA COLÈRE

ou

LA MAIN DE DIEU SUR UN EMPIRE

VISIONS PROPHÉTIQUES D'UN VOYANT DE JUDA

PUBLIÉES

PAR L'ABBÉ A. FATACIOLI

In omnibus his non est aversus furor ejus; sed adhuc manus ejus extenta.

Après tout ces maux la fureur du Seigneur n'est point apaisée et sa main est encore étendue.

Isa. ch. IX, vv. 12, 17, 21.

PARIS

CHEZ GARNIER FRÈRES, ÉDITEURS
RUE DES SAINTS-PÈRES, 6, ET PALAIS-ROYAL, 215
ET CHEZ L'AUTEUR, RUE SAINT-ANDRÉ-DES-ARTS, 49

1856

Tout ce qui arrive dans le monde, les plus petites comme les plus grandes choses, celles que l'homme voit et qu'il comprend, comme celles qu'il n'aperçoit pas ou dont quelquefois il s'obstine à ne saisir ni le sens ni la portée, tout est l'œuvre d'une volonté souveraine, tout décèle une action invisible mais unique, universelle, omnipotente, tout en un mot arrive et se fait selon les vues divines et dans l'ordre des causes et des fins éternelles, ou, comme parle la doctrine chrétienne, pour la plus grande gloire de Dieu, et pour le règne de son Christ.

Le gouvernement de la Providence, c'est là une vieille vérité qu'il ne peut être donné de contester qu'à des esprits frappés d'une démence aussi singulière qu'évidente ; ce même gouvernement, exercé par et pour le Christ, dans le but de former, comme parlent les Ecritures, dans toute la plénitude de sa mystique unité ce corps dont il est le chef, dans le dessein de mener vers l'accomplissement de ses saintes et sublimes destinées cette Eglise qu'il a instituée, et qui forme, même ici-bas, ce que les Evangiles appellent si souvent *le royaume des cieux* (1), voilà encore une vérité qui, pour ne pas être admise de tout le monde, n'en est pas moins certaine, fondamentale. Il y a longtemps qu'on l'a dit après saint Paul : tout pour le Christ, et le Christ pour Dieu. Là est l'alpha et l'oméga de toutes les choses passées, présentes et futures ; là est la cause et le but de tout ce qui fut dès le commencement, de tout ce qui sera jusqu'à la fin ; là est l'œuvre de Dieu, et hors de là il n'y a rien, rien que d'indéchiffrables énigmes, des problèmes désespérants. Aussi c'est dans cette vérité, et en elle seule, que chacun de nous peut et doit trouver une explication, soit à toutes les particularités de l'histoire secrète de son âme, soit à tous les événements sociaux d'ici-bas.

Oui, le règne de la Providence, en prenant ce mot dans son sens le plus intime, le plus profond, le plus

---

(1) Sciendum nobis est quod, sæpe in sacro eloquio, regnum cœlorum præsentis temporis Ecclesia dicitur S. Greg., *Hom.* 12 *in Evang.*

vrai, et le règne de CELUI *à qui tout a été donné* depuis le commencement, et dont il a été dit qu'il était *le premier et le dernier, le principe et la fin* de toutes choses, ne sont qu'un seul et même règne, établi, exercé pour la délivrance de l'homme et pour son salut. Pour comprendre ceci, on n'aura qu'à ne pas supposer de *Rédemption*, et l'on s'apercevra tout de suite que, sans elle, la Providence ne serait pas, ou, si l'on veut, elle ne serait, à l'égard de l'homme, que ce qu'elle est à l'égard des anges déchus, une colère éternelle. Peut-être même, dans cette supposition, toute créature *pervertie*, c'est-à-dire sortie de l'ordre, c'est-à-dire brisée dans les éléments de son être, dans les rapports de ces éléments soit entre eux soit avec leur fin commune, dans cette harmonie primordiale et essentielle d'unité qui constitue la paix dans une existence et qui est le véritable principe de la vie, peut-être même, disons-nous, sans la Rédemption, toute créature ainsi pervertie, ainsi déconcertée, et ne pouvant plus par là même, ou du moins ne devant plus, si toutefois elle le pouvait, exister, à la face même du Créateur, qu'à l'état de puissance éternellement ennemie, aurait-elle dû être détruite, anéantie : et qui sait si ce n'est pas uniquement comme devant servir d'une manière quelconque à la réhabilitation de l'homme et au triomphe des cieux, que l'existence a été conservée, après leur chute, aux esprits révoltés des ténèbres.

Il ne faut donc voir, nous le répétons, dans la Providence, que l'œuvre de la Rédemption. Dieu agit dans le monde par son Christ et pour son Christ ; continuellement le souffle divin passe à travers la terre qu'il sème de ses créations, dont il renouvelle sans cesse la face : et à chaque chose qu'il voit, l'homme peut s'arrêter et dire : Là est le doigt de Dieu... *pour la ruine ou pour la résurrection.*

Toutefois l'action divine, ainsi entendue, est tantôt plus, tantôt moins visible. En certains temps elle apparaît claire, elle se montre palpable dans les hommes et les choses; d'autres fois elle passe cachée, elle marche obscure, l'on dirait presque jalouse de son *incognito.*

Mais, chose digne de remarque! c'est justement à ces mêmes époques où elle se montre le plus clairement manifeste, que cette action semble être le moins aperçue, le moins reconnue par les hommes. La sagesse humaine aveugle alors les esprits : s'opposant aux lumières de la vérité, se mettant, pour ainsi dire, en lutte ouverte avec la sagesse divine, elle prend la place de cette dernière, elle en usurpe les droits, elle reçoit les hommages, les adorations, le culte, dus à son ennemie, et se glorifie de son propre triomphe.

Le peuple juif croit au Messie, il attend le *Désiré des nations*, il soupire durant plusieurs siècles après sa venue, il le prêche partout, il le porte pour ainsi dire dans son sein à travers toutes les terres des peuples par lesquelles il passe au milieu de miracles sans nombre, fort, terrible, victorieux, protégé par la main de son Dieu qui le couvre, ainsi que ces ailes d'or des chérubins qui se répandaient tout autour de son arche et de son tabernacle (1), entouré d'ombres saintes pareilles à cette nuée divine qui remplit l'intérieur de son temple, quand la majesté du Seigneur descendit dans le Saint des Saints pour habiter dans la maison de la prière, au milieu du peuple élu (2). Mais lorsque ce même Messie vient en Israël, plein de *grâce*, *de force*, de lumière, Israël le méconnaît, le repousse, le renie,— et la sagesse pharisaïque ne trouve dans les douleurs et les saintetés de la croix qu'un dangereux *scandale*

Rome devient la maîtresse des nations : elle prépare sans le savoir le christianisme, elle ouvre toutes les voies à l'Evangile. Mais quand les voyageurs qui portent la bonne nouvelle entrent dans le sein de la cité superbe, et y sèment, avec la lumière et la régénération, des miracles éclatants, Rome se trouble, s'étonne : mais voilà tout. On sourit ou l'on s'irrite,—et la sagesse orgueilleuse des maîtres du monde ne découvre dans les puissances et les grandeurs de la croix que de la faiblesse et une *folie*.

Et dans nos temps, ne se voit-il pas quelque chose

---

(1) Siquidem cherubim expandebant alas super locum arcæ, et protegebant arcam et vectes ejus desuper. *III Reg.*, c. 7.

(2) Factum est autem, cum exissent sacerdotes de sanctuario, nebula implevit domum Domini, et non poterant sacerdotes stare... impleverat enim gloria Domini domum Domini. *III Reg.*, c. 8.

de semblable? Les triomphes de cette même croix vers lesquels le monde semble désormais marcher d'une manière qui n'apparaît, il est vrai, qu'aux yeux de ceux qui examinent et croient, mais qui n'en est pas moins réelle et certaine, ces triomphes promis, visibles, prochains peut-être, ne leur a-t-on pas trouvé un nom, et le mot de *progrès* n'a-t-il pas servi à dénaturer la vérité des choses, à tromper, faut-il le dire? à aveugler les hommes sur la portée des événements, sur les principes et les rapports des causes, sur la grandeur des fins?

Progrès! Certes nous en avons vu, et un siècle qui a fait son entrée sur un char de triomphe dont les roues étaient teintes de sang et le sommet chargé de lauriers, et qui s'est ensuite avancé, marchant toujours, tantôt au milieu de gloires sans nom, tantôt à travers des désastres sans exemple, essayant de tout, usant, dévorant tout, se détournant souvent de son chemin et se laissant aller sur des pentes fatales vers des décadences profondes, mais s'arrêtant sur le bord des abîmes, se relevant et reprenant sa marche, encore plein d'un courage et d'une vigueur qu'on ne lui eût pas supposés; un siècle qui a déjà vu une suite d'événements extraordinaires qu'il n'a jamais été donné à aucune autre époque de produire, qui a pénétré dans les mystères de la nature et lui a arraché tant de secrets, qui a enfanté dans tous les genres, dans tous les ordres de choses, une masse de prodiges plus étonnants les uns que les autres, aussi différents dans leur nature que multiples dans leur nombre, admirables dans leur éclat, féconds et utiles dans leur application, qui semble tous les jours découvrir la veine réelle des beaux-arts et se rapprocher de plus en plus de leur type véritable, qui a rompu les barrières des peuples, détruit les différences des races, relevé, ennobli l'humanité par le fait ou du moins par le principe de la destruction de l'esclavage, arrêté dans leur marche des ambitions effrénées qui, comme un torrent dévastateur, menaçaient le monde, et enfin qui a commencé à ouvrir les voies de ce vieil Orient, dont le passé fut si beau, dont le présent est si triste, dont l'avenir..... mais c'est à Dieu seul qu'il est réservé de connaître l'avenir..... un siècle qui a fait tout cela, et qui, après tout cela, marche encore, ouvrant toujours de nouveaux horizons, créant de nouvelles merveilles, — car ne croyez pas que ce soit fini : nous marchons encore, nous marchons toujours — certes, ce siècle, nous l'avouons, ne manque pas de progrès.

Mais, dans le fond, que signifie tout cela, et où allons-nous ? Où arriverons-nous ? Est-ce tout ? est-ce là le seul, est-ce là le véritable progrès ?

Quand la postérité aura à juger ce même siècle, savez-vous ce qu'elle y découvrira, spécialement, principalement ? Sans doute, nous le répétons, elle le trouvera grand, plus grand peut-être que nous ne le trouvons nous-mêmes ; mais elle trouvera aussi qu'il ne fut, somme toute, qu'une féconde époque de transition. Elle trouvera qu'ayant touché à toutes les questions, il n'en résolut définitivement aucune ; que par lui tout fut nommé, rien ne fut défini ; qu'il marcha, mais qu'il n'atteignit pas le but ; qu'il ouvrit plus les voies qu'il ne les parcourut, et, pour le peindre d'un seul trait, que son caractère essentiel et distinctif fut un caractère de préparation. Préparation à quoi ? L'avenir et cette même postérité le diront.

Oui, notre siècle est un siècle de préparation : il est venu en ouvrant de nouveaux horizons, il s'en va en indiquant de nouvelles et de plus grandes perspectives, — il s'en va léguant à un autre siècle un grand, un terrible héritage, de la gloire peut-être, peut-être d'effroyables malheurs. Mais, gloire ou malheurs, ordre et paix ou catastrophes et ruines, ce qui semble devoir sortir de tout cela, c'est… c'est la Croix saine et sauve, plus forte, plus glorieuse, triomphante en un mot ; c'est la Religion, puissante, victorieuse ; c'est l'avancement, le développement, l'établissement — définitif peut-être — de ce même règne du Christ dont nous parlions tantôt (1).

O homme qui allez ouvrir ce petit livre, avant de briser les sceaux, arrêtez-vous un instant. Recueillez-vous. Elevez d'abord votre âme vers le ciel, et au ciel demandez ce don de force et de sagesse, cette lu-

---

(1) Adveniat regnum tuum.

mière de l'avenir qui s'appelle la foi, car elle aussi, la foi, est une chose de l'avenir (1). Puis, jetez un regard sur la terre : voyez l'état, le cours, les tendances des choses; étudiez les hommes, les événements; examinez les signes... Contemplez et méditez.

Voyez. Des villes naissent et se développent comme par enchantement ; les vieilles cités, jusques-là stationnaires, grandissent et s'étendent à perte de vue; de rapides transformations s'opèrent sur toute la face de la terre : toutes les solitudes des déserts ont été fouillées, étudiées, toutes les voies, ouvertes, parcourues ; dans tous les sens, le globe entier a été traversé, exploré, et il n'y a plus désormais en lui un seul petit coin inconnu à découvrir, à retrouver ; d'un bout du monde à l'autre les communications sont devenues tout d'un coup universelles, faciles, rapides, instantanées ; les espaces sont abolis, les continents rapprochés, les mers subjuguées non-seulement dans leurs surfaces sans limites, mais encore dans leurs abîmes sans fond par lesquels passe, pareille à une aile rapide de feu, muette mais vivante, la pensée de l'homme : les éléments nous ont transmis toute leur puissance, la nature nous a donné tous ses mystères, et l'on nous dirait arrivés au moment où la création entière, mettant fin à ses anciennes révoltes, serait enfin prête à se soumettre au joug de celui qui lui fut donné pour *dominateur.*

(1) Sperandarum substantia rerum. S. Pau.

Mais voyez encore : des peuples, les uns, jeunes de désirs, vieux de civilisation, pris de passions effrénées, s'agitent, se tourmentent, se tournent et se retournent entre un cercle brûlant placé sur des abîmes; les autres, neufs par l'âge et l'énergie des forces, vieillis cependant tout d'un coup par cette même civilisation dans laquelle ils sont tombés comme on tombe dans un gouffre, se réveillent, se lèvent, se meuvent, se poussent, trop pleins d'une séve surabondante de vie, ou comme chargés d'un poids trop lourd. Et en attendant, de toutes parts on est inquiet, troublé; on est à se regarder, à attendre; on se questionne, on écoute, on se désole, on se recule ou on avance en tremblant, on prédit, on craint, on espère... En attendant rien n'est solide : sous les pieds, la terre tremble... Et l'horizon est toujours chargé, et l'avenir, toujours sombre.

Que veut dire tout cela? que va-t-il arriver ? O homme, dites, dites, votre œil n'a-t-il pas vu dans le lointain quelque chose venir, quelque chose de vague, d'immense, de... sinistre... quelque chose de grand, de mémorable, de triomphant? Dites, dites, avez-vous entendu ce grand bruit qui s'avance, le bruit de la marche du monde? Et dans le silence de votre âme, ce souffle qui passe, le souffle de Dieu, avez-vous pu le saisir? Les heures, avez-vous pu les compter?...

Et maintenant, ouvrez le petit livre. Mais gardez-vous de vous tenir à la superficie: lisez une fois, deux, davantage s'il le faut; cherchez au fond, bien au fond : il s'y trouve quelque chose pour vous. Seulement ne vous attachez pas aux formes, n'y donnez même aucune importance. Dans toutes les choses humaines, les formes ne sont que la couverture, quelquefois le déguisement d'une substance élémentaire. Vous savez ce que sont les *modes* : eh bien, très-souvent et dans presque toutes les choses d'ici-bas, les formes ne sont pas autre chose. D'ailleurs que voulez-vous ? Ne savez-vous pas ce que nous faisons avec un enfant malade, quand nous voulons lui faire prendre une potion amère ? Un grand poëte l'a dit en termes plus éloquents que ceux que l'on pourrait vous offrir après lui (1). N'avez-vous pas remarqué ce que fait l'homme des champs quand il va jeter sa semence dans la terre ? Il se lève de bon matin, il consulte le ciel en haut et les horizons au loin, il regarde, il écoute, il examine : et si le temps lui paraît propice et que son sol soit préparé, alors il choisit, d'après le temps, le grain qu'il lui faut pour son sol, et il le sème : et le grain pousse, et il croît, et il porte des fruits. Celui qui veut

---

(1)   Così all' egro fanciul porgiamo, aspersi
Di soave licor, gli orli del vaso :
Succhi amari ingannato intanto ei beve,
E dall' inganno suo vita riceve.
(Tasse, chant 1er, strophe 3.)

Ainsi on présente à un enfant malade les bords d'un vase abreuvés d'une douce liqueur : heureusement trompé, il boit des sucs amers, et doit la vie à son erreur.

(Trad. Lebrun.)

faire une chose utile, ou qu'il pense du moins devoir être telle est quelquefois obligé de faire ce que l'on fait avec les enfants malades : et bien souvent, le semeur de la parole ne peut, ne doit agir que comme le fait l'homme des champs.

Ouvrez : lisez les paroles de la prophétie (1) — et attendez. Si vos jours sont longs, avant que d'aller vous reposer au sein de votre tombe, vos yeux auront peut-être vu quelques-unes des choses qui sont annoncées.

Que le juste ceigne ses reins : qu'il prie, qu'il bénisse, qu'il attende. Que l'impie... mais non, qu'il se tourne plutôt vers le ciel; qu'il revienne, il en est temps encore, qu'il revienne a son Dieu : car les temps viennent, où, pour l'impie comme pour le juste, il n'y aura plus d'espoir, il n'y aura plus de salut qu'en Dieu.

(1) Verba prophetiæ hujus. *Apoc. B. Jo.*

LE JOUR
DE LA COLÈRE

Tout droit de traduction est réservé par l'auteur.
Tout contrefacteur de cet ouvrage serait rigoureusement poursuivi.

Paris. — De Soye et Bouchet, imprimeurs, 2, place du Panthéon.

'LE JOUR DE LA COLÈRE'

OU

LA MAIN DE DIEU SUR UN EMPIRE

VISIONS PROPHÉTIQUES D'UN VOYANT DE JUDA

PUBLIÉES

PAR L'ABBÉ A. FATACIOLI

In omnibus his non est aversus furor ejus, sed adhuc manus ejus extenta.

Après tous ces maux la fureur du Seigneur n'est point apaisée et sa main est encore étendue.

Isa. ch. IX. vv. 12, 17, 21.

PARIS

CHEZ GARNIER FRÈRES, ÉDITEURS
RUE DES SAINTS-PÈRES, 6, ET PALAIS-ROYAL, 215
ET CHEZ L'AUTEUR, RUE SAINT-ANDRÉ-DES-ARTS, 49

1856

PROLOGUE

Le jour suivant je me rendis au lieu accoutumé de nos entretiens. La journée, belle d'abord, fut bientôt troublée par un orage rapide, et plusieurs fois dans la suite elle changea d'aspect et de température. Ainsi est la journée de l'homme ici-bas, cette fugitive journée de sa vie, pleine de douloureuses vicissitudes et d'agitations sans fin. Sereine et limpide à l'aurore, elle se trouble bien vite sous le souffle cruel des tempêtes ; puis, enveloppée sans cesse de nuages plus ou moins épais que traversent à peine de temps en temps quelques rapides et pâles rayons, elle s'écoule péniblement, quoique bien courte, bien passagère; elle s'écoule au milieu des vents d'orage qui l'emportent, noire le plus souvent, sombre et agitée toujours : et le soir, à l'heure où tombent les crépuscules muets, avec les souffles lents et froids, elle s'éteint, tantôt avec lenteur et tantôt subitement, dans de longues et mystérieuses obscurités.

Au moment où l'orage à demi apaisé laissait fuir à travers les nues entr'ouvertes quelques rayons d'un soleil rajeuni, s'épandant en gerbes d'or qui flottaient par les pentes des collines et sur les monts humides et murmurants, je vis l'anachorète descendre des hauteurs de la montagne. L'homme vénérable, apparaissant ainsi aux sommités du mont dans une de ces éclaircies lumineuses, et tenant, appuyées sur sa poitrine, les pages mystérieuses du volume saint, était vraiment sublime. On eût dit le fameux voyageur des déserts, le Dieu de Pharaon, Moïse, descendant des hauteurs éclatantes de Sina, le front ceint d'une couronne de lumière divine, et portant sur son cœur les paroles éternelles de Jéhovah. Il arriva ; il s'assit vis-à-vis de moi sous le feuillage vert du hêtre antique, et, après quelques instants de silence, il dit :

« Jeune homme, mon fils, vous connaissez déjà (1) *le premier des derniers voyants de Juda*, Zacharie, le Juif de l'Arménie Majeure, converti au christianisme vers la fin du siècle dernier, et mort dans les premières années de notre siècle, après d'héroïques expiations, dans la religion de ce même Christ que ses pères méconnurent, que répudia autrefois Israël, au sein de cette Église bâtie sur la pierre immobile et contre laquelle l'enfer ne prévaudra jamais. Homme à l'âme grande et aux vertus vraiment chrétiennes ; homme étrange sans doute par son caractère, ses penchants, son genre de vie, étrange, et par un vaste génie de cœur, et par d'infinies profondeurs de sentiment, et comme

(1) Par ce qui en a été déjà dit dans les entretiens supposés, où l'anachorète a établi et développé, sous des formes positives, sérieuses, classiques, et à travers tout un système de principes et de faits théologiquement sociaux, une vérité grande, profonde, toute pratique, et qu'on pourrait appeler aussi toute vitale, liée qu'elle est, de sa nature, aux mystérieux éléments de la vie, aux principes constitutifs de l'être humain, aux destinées de l'humanité ; une vérité qui est lumière et puissance, qui est marche et progrès, qui est but et moyen, mais qui désormais est aussi vie ou mort pour l'avenir ; car de sa connaissance, ou si l'on peut ainsi parler, de sa science pratique dépend le sort des sociétés modernes.

par un mystère de douleurs inépuisables, éternelles, espèce de fatalité intime, mystérieuse, profonde, régnant dans les vagues solitudes d'une âme sans repos ; mais étrange surtout par la nature des productions de son esprit, qu'il appelle, comme vous savez, ses visions, et qu'il a consignées ici, dans *le Livre du Voyant*, le seul trésor qu'il possédât aux derniers jours de sa vie, et qu'il me légua, clos et scellé, la veille de sa mort, comme à son unique ami et au seul confident des secrets de sa vie.

« Depuis lors, mon fils, ces productions que je ne dois point qualifier, sont restées inconnues aux hommes : les hommes sont si peu éclairés, si peu sages, si peu justes. Livrées à leurs vaines disputes, les visions de Zacharie eussent été, comme toutes les choses profondes, le sujet d'interminables disputes, l'objet des appréciations les plus diverses, les plus extravagantes ; elles eussent été une folie pour les uns, et pour les autres un scandale, peut-être même, pour quelques-uns, une impiété. Il fallait attendre.

« Mais enfin le livre mystérieux a été descellé ; et, fermé jusqu'ici à tous les yeux, à vous seul, mon fils, il a été ouvert. Peut-être était-ce encore trop tôt ; peut-être, pour longtemps encore, le mystère fût-il resté enseveli dans mon cœur, comme sont clos, au fond de la demeure silencieuse des morts, les mystères de la tombe. Mais, mon fils, des signes apparaissent, des signes où la sagesse d'un siècle aveugle ne voit que sécurité et triomphes : le monde marche ; d'irrésistibles puissances le poussent, et quelque chose d'immense semble déjà se préparer. Et puis, sur le chemin de ma vie, je vous ai rencontré, vous, jeune homme ; je me suis arrêté devant vous ; je vous ai pensé sérieux ; et, presque sans le vouloir, entraîné par je ne sais quoi qui a trahi mes intentions, je vous ai ouvert le secret. Maintenant je ne dois plus reculer : pleine et entière doit être la révélation.

« Jeune homme, préparez votre esprit, soyez attentif : vous allez entendre des choses étonnantes. Nous avons parlé dans notre dernier entretien d'une nation moderne, grande, puissante, orgueilleuse surtout — colosse superbe et barbare, levé entre les régions sombres du nord, comme un scandale immense, comme une menace vivante, inexorable, en face du monde entier qui le contemple avec effroi, et qui, tôt ou tard, dans une lutte dernière et suprême, doit le prendre corps à corps et l'étouffer, ou bien tomber étouffé lui-même, sous la double étreinte de la barbarie et de l'esclavage, et périr... dans la nuit de l'erreur et des dissolutions.

« Or, Zacharie le voyant prétend avoir vu l'avenir du colosse. Il lui prédit d'abord de grands accroissements : il lui promet des développements prodigieux et des conquêtes sans nombre ; mais ensuite il lui annonce des malheurs inévitables, des catastrophes sans exemple et sans nom : il le menace de la vengeance divine et d'une ruine lugubre, totale, dernière. C'est ce que le fils de la Judée appelle ses *visions prophétiques*, auxquelles il donne le titre de : *Paroles de prophétie sur l'empire superbe de l'Aquilon;* c'est ce qu'il a écrit ici de sa propre main (et en disant ces mots, l'anachorète ouvrit le livre du voyant), et c'est, mon fils, ce que vous allez connaître aujourd'hui.

« Ces prédictions vraiment étonnantes de l'homme de Juda sont divisées en deux parties principales, ou en deux visions. Les deux visions ont eu lieu à deux époques différentes ; mais l'objet de l'une et de l'autre est le même, car c'est toujours l'empire d'Aquilon que le prophète a en vue : ses iniquités et ses conquêtes d'abord, sa chute et ses ruines sans égales ensuite. Il touche néanmoins de temps en temps à un autre sujet plus grave, plus élevé, l'illumination de l'Orient, la conversion à la vraie religion de tous ces peuples assis aujourd'hui dans les vallées sans lumière de la mort : signe précurseur de ces événements mémorables qui précéderont la fin des choses et la lugubre consommation des temps. Mais ce n'est, dis-je, que de temps en temps, et comme en passant, que le prophète touche à ces grandes vérités, qui ne sont pas encore ici l'objet d'une prophétie à part. Néanmoins, plus il avance et plus ses visions semblent devenir positives et claires à ce sujet ; et à la fin, il voit, il contemple, debout, droite et ferme, entourée de force et de gloire, couronnée d'éclatantes splendeurs, en ces mêmes lieux où elle gît renversée aujourd'hui, au milieu de la servitude et de l'avilissement, la Croix, signe des triomphes. Alors, rempli de sentiments d'admiration, de reconnaissance, de joie et d'amour, tout agité par un sacré enthousiasme, et comme pris d'un enivrement divin, à la vue de ces choses glorieuses de l'avenir, il entonne un cantique de louanges et de bénédictions au grand Dieu, à Jéhovah l'Eternel, et il termine.

« Dans leur forme, ces prophéties si surprenantes sous tant de rapports, sont, mon fils, aussi étranges que leur auteur. Ce ne sont pas les livres saints ; c'est néanmoins quelque chose qui leur ressemble : c'est une suite de tableaux, de descriptions, d'enseignements, de reproches, de menaces, jetés avec une certaine précipitation ardente, entremêlés avec une espèce de désordre apparent qui semble dénoncer l'approche de grands événements, lugubres ou héroïques, mais inévitables. Le style du prophète est tantôt vif et rapide, tantôt pénible et embarrassé ; les tournures sont variées et multiples, quelquefois brèves, incisives, nerveuses, quelquefois nettes, faciles, déliées, et parfois aussi dures, agitées, incomplètes, hasardées, l'on pourrait même dire extravagantes. Ses prédictions deviennent, à mesure qu'il avance, plus fréquentes par le nombre, plus rapprochées par les temps, plus assurées par le but, plus définies par les formes, plus sombres par les images, et plus fortes toujours et plus frappantes de vérité, et toujours plus accélérées et plus menaçantes. Il s'interrompt souvent, brise sans motif l'ordre des idées et des choses, laisse des phrases incomplètes ou des pages inachevées, et passe, sans transitions visibles, d'un objet à un autre, se détournant tantôt de la voie, et tantôt s'y précipitant comme avec violence. On sent que sa main agitée tremble sous d'ardentes inspirations, et l'on dirait qu'il s'avance, menant devant lui le monde vers quelque chose d'immense, de solennel... ou de final.

« Voilà pour la forme, mon fils; mais pour ce qui est du fond, je vous l'ai déjà dit, et je le répète, je ne dois y toucher en aucune sorte. Zacharie prétend que c'est Dieu qui lui a parlé, et qui lui a révélé toutes les choses qu'il annonce. Or ceci doit vous suffire pour vous faire comprendre que, sur un pareil sujet, je dois m'interdire toute réflexion ; que même, là-dessus, je ne dois pas avoir d'opinion, ou, si j'en avais une, elle ne doit pas être manifestée. Je suis ici simplement lecteur : à vous, mon fils, d'écouter, et de faire ensuite de cet écrit le cas que vous croirez raisonnablement devoir en faire, d'en tirer les conséquences qui vous sembleront les plus justes. Moi, je m'abstiens de prononcer: car, dans des matières aussi délicates, la méprise et peut-être le crime sont trop faciles et trop graves pour que j'aille me permettre de dire : Cela est ; pour que je m'autorise à prêcher ce qui pourrait n'être qu'une vérité, mais une de ces vérités sacrées, inviolables, terribles, auxquelles l'homme ne saurait toucher impunément, et que seule une autorité suprême peut établir et sanctionner ; une de ces vérités obscurément saintes, données à notre temps comme une énigme, ou jetée à l'avenir, comme un redoutable problème que l'avenir seul peut se charger de résoudre.

« Je dois cependant, mon fils, vous faire remarquer une chose qui est désormais un fait. C'est que déjà une partie des événements prévus et annoncés par Zacharie, tous ceux qui se rapportaient au temps déjà écoulé depuis qu'il a prophétisé jusqu'à nos jours, se sont accomplis de point en point, se sont produits tels qu'il les a décrits, avec une suite effrayante, avec un enchaînement profond, et dans un ordre visible de vérité qui frappe et qui étonne.

« Or, s'il est vrai que l'accomplissement parfait et total de prédictions prochaines, qui ne pouvaient nullement entrer dans l'ordre des humaines prévisions, soit...un...garant...»

Indécis, troublé, craignant d'en avoir trop dit, le vieillard cacha dans une sorte de balbutiement vague et indistinct, le reste de sa phrase, qu'il acheva par quelques paroles incomplètes et inintelligibles, et sa voix se perdit dans le silence d'une distraction paresseuse, ou d'une méditation profonde. Cette ruse ne m'échappa pas ; mais je fis semblant de ne pas avoir remarqué l'indécision et la gêne de mon interlocuteur.

Déjà je m'étais aperçu, par tout ce qu'il venait de me dire, que le vieil anachorète de la montagne n'était pas loin de croire que son *Livre du Voyant* était un véritable livre inspiré, et que Zacharie était l'un de ces hommes effrayants qui doivent apparaître vers la fin.

Il y avait bien des choses sur lesquelles j'aurais eu besoin de quelque explication. Je ne savais pas, entre autres choses, si le livre du voyant contenait, ou non, d'autres visions de prophétie que celles dont l'anachorète me parlait et qu'il allait me révéler ; et supposé qu'il en contint d'autres, je ne pouvais pas non plus deviner si le vieillard se réservait de me les faire connaître plus tard, ou bien s'il voulait me les laisser ignorer pour toujours.

Quoi qu'il en fût de tout cela, je ne me permis aucune interrogation, trop avide que j'étais d'entendre les révélations prophétiques du premier des derniers voyants de Juda, et j'attendis.

Alors, après quelques instants d'un silence profond et sévère, pendant lequel je pus remarquer que l'esprit du vieillard semblait s'absorber et se perdre, pour ainsi dire, peu à peu, dans les solitudes intérieures d'une âme gravement préoccupée, sortant comme d'un rêve, et comme achevant une phrase déjà commencée : « Ce sera alors, dit-il d'une voix haute et inspirée, que la lampe de Jacob se réveillera en Israël, et que les grands jours approcheront. »

Et soulevant le livre mystérieux à la portée de sa vue, il commença à lire.

VISIONS PROPHÉTIQUES

DE

ZACHARIE LE VOYANT

PREMIÈRES PAROLES DE PROPHÉTIE SUR L'EMPIRE
D'AQUILON

I

1. Le Seigneur a parlé à Zacharie, fils de Loammi, fils de Débelaïm, fils de Judaïa, qui fut fille d'Odaïa, laquelle fut fille d'Hananie, chef de la religion et docteur dans les synagogues, des races et des tribus dispersées du peuple qui n'est plus le peuple de Dieu.

2. Et il lui a parlé au temps du grand pontife de Rome, Pie de nom et septième de nombre, en la troisième année du règne du grand César de l'Occident, qui nourrit dans son cœur de grands projets et qui est le génie des batailles, et en la sixième année du règne du prince de l'Aquilon, dont le sceptre est levé comme une verge de fer sur des peuples infinis, et qui porte sur la tête une enseigne, signe de ses projets et de ses espérances.

3. Et Zacharie a vu, en ce temps-là, deux fois les visions de l'avenir, et les choses vraies, grandes, terribles, qui

viennent et qui arriveront dans la suite des temps ; et il a prophétisé contre l'empire superbe de l'Aquilon, une fois et encore une fois, au douzième jour du mois de Sivan, qui est le vingt-septième de mai, et au douzième du mois de Tisri, de la même année, qui est le vingt-septième du mois de septembre.

4. Or, la seconde fois qu'il a vu sur l'empire de l'Aquilon, c'était à l'heure de none du deuxième jour qui vient après le sabbat, quand il était assis entre les ruines d'une ville antique de la Syrie, Palmyre la belle, fille de Salomon.

5. Mais la première fois, c'était à l'heure de prime du jour qui luit le premier après le jour du sabbat ; et il était prosterné dans la *Grotte des prières*, qui est près de la maison de ses ancêtres, au pied d'Ararat en Arménie.

6. Là il était allé, selon sa coutume, à l'aube du jour, offrir au Seigneur sa prière ; et comme ce jour-là il avait participé, dans la communion des saints, aux mystères sacrés du pain céleste, qui est le pain de la vie, et qui est la consommation ineffable de l'amour, sa prière était plus fervente que jamais.

7. Et à mesure qu'il priait, il sentait son âme s'élargir. Or, tout à coup, quand apparurent les premiers rayons du soleil, se répandant comme de longues flèches d'or dans la plaine d'Ecs-Miazin, ses pensées et ses vues, se transformant subitement, s'agrandirent sans mesure, et il éprouva un sentiment d'immense et douce quiétude, semblable aux sereines béatitudes du ciel ; après quoi entra en lui un bonheur capable de briser son être, si le Seigneur ne l'eût retenu dans l'existence.

8. Alors le fils de Juda fut enlevé en esprit et il vit : et ce qu'il a vu est écrit de sa main, ici, dans le *livre du voyant*, car il lui a été ainsi ordonné.

9. Et celui qui a vu, et qui a écrit ces prophéties, est Zacharie le juif, qui fut aveugle et infirme, et qui a été le

premier des pécheurs ; mais ensuite il a entendu *l'Echo du Calvaire* (1), et il a été vaincu par l'esprit de la grâce, en passant par les chemins du pays d'Aram, où fut Damas, la ville des miracles ;

10. Et il a été ramené au bercail du pasteur qui est l'Eglise sainte et catholique, l'épouse de Jésus de Nazareth, fils de Marie, fils de Dieu ; et il est entré sous la loi de grâce qui est un poids léger et doux, et qui est la loi des chrétiens :

11. Mais il prie toujours le Seigneur de lui pardonner ses erreurs et ses péchés, et de le regarder d'un œil clément, et de le couvrir de sa main protectrice : car c'est en lui qu'il croit, et c'est en lui qu'il espère.

12. Qu'il soit béni le Seigneur Dieu, et qu'il soit glorifié, aujourd'hui et toujours, et dans tous les siècles des siècles !

II

1. Visions sur la terre de Borée, sur l'empire d'Aquilon, sur le trône superbe, et sur le sceptre puissant et dur.

2. Visions sur la couronne d'orgueil, qui s'est nourrie de vapeurs, qui s'est enivrée de vin, et qui s'est assise, ivre et folle, sur tous les monts élevés et sur toutes les collines superbes.

3. L'homme naît et il meurt ; et pendant le peu de temps qu'il vit sur la terre, il a beaucoup d'infirmités : mais, parmi toutes ses infirmités, la plus grande est la faiblesse de la vue.

4. Il voit peu avec les yeux du corps, il voit encore moins avec ceux de l'esprit ; et l'œil de son cœur, concentré dans les étroits horizons de la vie d'ici-bas, n'aperçoit, ne connaît,

1) Histoire de sa conversion.

ne poursuit que des ombres, qui sont souvent des erreurs et toujours des vanités.

5. Là est le principe des faiblesses de l'homme, de ses malheurs, de ses crimes : car, s'il voyait, il ne serait plus libre que dans le bien, et il serait invincible ; s'il voyait, ses forces disjointes et déréglées se réuniraient vers un but, et, rentrant dans l'ordre divin, ses passions seraient ce qu'elles doivent être, des sources saintes de vertu et de paix.

6. Or, en ce temps-là le Seigneur Dieu suspendit en moi, Zacharie, fils de Loammi, qui veut dire non mon peuple, cette faiblesse de la vue ; et il me fit voir avec les yeux de l'esprit ; et c'était comme si je voyais avec les yeux du corps.

7. De l'orient à l'occident et du midi au septentrion, je vis tout l'espace de la terre ; et tandis que je contemplais la terre vaste, une voix que l'on n'entendait pas selon les sons humains, mais qui était une voix et qui parlait, me dit : Regarde.

8. Et sans qu'elle m'indiquât quels étaient l'objet, le lieu, les choses sur lesquelles je devais porter ma vue et mon attention, je compris ; je tournai le regard du côté des eaux glacées, et je l'arrêtai sur le grand empire de l'Aquilon, qui renferme des tribus sans nombre et des pays sans limites.

9. Je le contemplai, assis entre les deux mondes de l'orient au couchant, et sur toutes les nations, et parmi tous les fleuves, et au milieu de toutes les mers, depuis le lit des mers ténébreuses (1) et les terres des fils de Mahomet, jusqu'à Zemlia, la terre nouvelle, et aux côtes des Lapons, et à toutes les rives immobiles de l'Océan Paresseux ;

10. Depuis le cercle polaire du nouveau monde et les

---

(1) C'est le nom que les Hébreux donnaient à la mer Noire et à la mer Caspienne réunies.

mers de Sin et de Jépen, contrées du soleil levant, jusqu'à l'océan des Sarmates, et aux marais de Polska, et aux rives glacées des lacs de Finmarck.

11. Or partout, dans cet espace sans fin, je vis étendus et abaissés comme de grands rideaux de noires ténèbres répandues en amas d'ombres effrayantes sur toute la surface de l'empire superbe.

12. Et les rideaux devenaient toujours plus noirs, et ils se déployaient toujours de plus en plus. Mais sous toutes ces ténèbres, mon regard pénétra, et je vis des visions.

13. Seulement, avant que je visse ce qu'il y avait au dedans des ténèbres noires qui se répandaient et s'élargissaient sans cesse, je me sentis trembler comme celui qui est près d'un abîme, ou qui va affronter un danger terrible.

14. En effet, ce que je vis me fit frémir.

III

1. Je vis un monstre horrible, informe, immense. C'était un dragon d'une forme telle que doivent en renfermer les profondeurs des enfers sombres.

2. Or, en même temps que je le voyais pour la première fois, dans le moment présent et dans l'état actuel, il me semblait le voir dans une succession indéterminée de temps passé, et cela d'une manière que je ne puis plus comprendre maintenant.

3. Même, dans ce temps passé, je croyais avoir connu le monstre tout petit, à peine naissant, et dans un état d'avilissement et de faiblesse pareils à ceux d'un animal dévoré par une longue faim.

4. Il me semblait aussi l'avoir vu, dans ce temps passé, grandir et marcher en avant, monté toujours, tantôt par

un homme et tantôt par une femme, qui le stimulaient, le poussaient toujours, et devenir, à mesure que le poussaient l'homme et la femme, toujours plus fort, toujours plus grand.

5. Et tandis qu'il grandissait et marchait en avant toujours, toujours, c'étaient les extrémités seules de son corps qui s'étendaient, se déployant sans cesse dans tous les sens, en superficie et en profondeur ; mais le centre en était immobile et il ne se déplaçait jamais.

6. Et ses membres s'étendaient de tous les côtés, mais tantôt surtout vers un point, et tantôt surtout vers un autre point : de sorte qu'il était déjà devenu immensément étendu à l'époque de ma vision, où je voyais avec les yeux de l'esprit et où je croyais voir avec les yeux du corps.

7. Et cependant je vis qu'il grandissait encore et se développait à chaque instant, et à chaque instant il prenait des proportions immenses, menaçantes.

8. Et celui qui le montait à cette époque, le fouettait encore, et le poussait sans cesse : et le dragon croissait, se développait, se multipliait encore ; et de tous côtés son corps attaquait toutes les terres des nations ; et sa force, et son audace, et ses projets croissaient, se développaient, se multipliaient encore et toujours.

9. Ainsi un nuage, comme un point, se montre vague et indécis à l'horizon lointain : alors les vents du ciel le poussent rapidement, et il vient épandant ses ailes croissantes, et il arrive, et il enveloppe les vallées et les montagnes :

10. Ainsi était le dragon horrible, qui couvrait déjà une grande partie de la terre.

11. Mais comme je ne voyais point pourquoi ni comment le monstre marchait et grandissait d'une manière si démesurée, la voix mystérieuse qui m'avait d'abord parlé, et qui était encore là près de moi, me dit : Regarde le dessous du dragon et regarde ses flancs.

12. Alors je considérai le dessous du dragon, et je regardai ses flancs ; et je vis le mode et les causes, et voici ce que je vis.

IV

1. Il était couché à la manière des reptiles, entre les monts et les fleuves et les mers, et sur tous les lacs, et sur toutes les cités, et par tous les steppes ; et il occupait une portion de l'Amérique nouvelle, et une très-grande portion de l'Asie antique et de l'Europe, fille de Japet, sous divers climats, et sous plusieurs soleils.

2. Déjà sous lui il tenait la septième partie de la terre habitée, et, sur lui, la septième partie du ciel était couverte de ténèbres.

3. Or voici comment était composé son corps : il avait deux ailes, et deux queues, et quatre pieds, et un ventre prodigieusement large, et une tête horriblement grande ; mais je ne lui vis point de poitrine, car il n'en avait point.

4. Les deux ailes étaient étendues de l'orient à l'occident, comme les ailes de la mort et comme les suaires des sépulcres : et l'aile droite était déployée vers l'occident, et l'aile gauche vers l'orient ; et leur ombre fatale, pesant comme des chaînes ardentes et comme la nuit des enfers, couvrait mille peuples infortunés.

5 Depuis les montagnes inconnues des Koluches et ces forêts perdues aux solitudes froides du nouveau monde, jusqu'à l'océan des Sarmates et à la mer des Suèves et au Caucaland et à l'Hiérasus, dans les pays des Gètes et des Cimbres et des Scandinaves.

6. Mais l'aile droite était moins déployée que l'aile gauche, et elle était plus avide et plus agitée.

7. Les pieds étaient larges et crochus : deux se trouvaient attachés à la partie inférieure du corps, près du

confluent des queues, l'un à droite et l'autre à gauche; et l'un et l'autre déchiraient la terre des pays qui étaient autour d'eux.

8. Et deux étaient attachés à la partie supérieure du corps au point de jonction du cou avec la tête, l'un à droite et l'autre à gauche; et ils se repliaient obliquement des deux côtés latéraux, se roidissant avec fureur.

9. Et l'un déchirait les pays de Sin et les terres désertes où régnèrent Djenghuiz-Khan et Timour-Lenc; et l'autre, de ses griffes, mordait avec furie les bords de l'antique Thrace, et les restes de Javan malheureux, et toutes les frontières européennes de l'empire de Mahomet, faisant surtout de grands efforts contre les bosphores de Byzance et d'Hellespont.

10. Puis l'un et l'autre pied rejetaient en arrière, vers le septentrion, les lambeaux informes de tous ces pays déchirés.

11. Mais avec un grand effroi, à l'extrémité des régions boréales, je vis les deux queues du monstre entrer et se perdre dans l'immobile Océan.

12. Tantôt roulées en une suite non interrompue d'anneaux, elles se jouaient sur la surface des eaux ; tantôt elles se détendaient, immenses, horribles, s'enfuyant avec des sifflements aigus sous les latitudes boréales, dans les vagues obscurités de ces mers sans limites, qu'un mortel téméraire ne peut explorer sans être puni de son audace. Mais jamais on ne voyait les bouts des queues, car toujours ils étaient cachés et perdus au fond des gouffres.

13. Du côté opposé aux queues je vis la tête, objet d'horreur et d'épouvante : elle était abaissée sur tous les pays de la Tauride antique et de la Colchide fameuse, et sur les deux mers des orages.

14. Entr'ouverte, haletante, pleine d'écume et de sang, elle engloutissait, ainsi qu'un gouffre épouvantable, les flots

des deux mers qu'ensuite elle rejetait de sa gueule fatiguée, ensemble avec des vapeurs infectes, sur toutes les terres opposés de l'Asie-Mineure et du pays d'Iran, depuis la Lydie jusqu'à l'Hyrcanie.

15. Et tous les membres du dragon étaient occupés à leur travail dévorant ; et ils s'avançaient, et ils s'étendaient sans cesse ; mais le centre de son corps ne se déplaçait pas, et il restait toujours à la même place.

V

1. Mais voici que je vis d'autres signes chez le dragon monstrueux : le Seigneur rendit mon regard très-pénétrant, et je vis toutes les choses qui étaient cachées et qui ne se découvraient pas, mystères ténébreux se passant dans l'ombre, et invisibles aux yeux des hommes.

2. Mais les hommes connaîtront un jour tout cela : il m'a été dit de voir et de révéler les mystères affreux ; et les nations s'apercevront qu'elles ont été mille et mille fois trompées par le dragon monstrueux, car il fallait qu'il en fût ainsi.

3. Voici ce que je vis : toute la masse du ventre du dragon était peinte d'un nombre infini de couleurs, dont le fond était un jaune clair parsemé de taches, les unes noires, les autres rouges, pareilles à des taches de boue et de sang. Et toute cette masse était molle et lisse, et il ne s'y trouvait aucun principe de mouvement.

4. Or, à la place où se trouve le nombril des animaux, je vis chez le dragon une vision effrayante : j'y vis tracé, d'une manière qui ne peut se décrire, un immense cercle tout noir, noir dans son contour et noir dans sa surface.

5. Cette partie du dragon, toute ténébreuse et inaccessi-

ble, était la plus horrible à voir. Tantôt le cercle sombre restait immobile : c'était quand, fatigué par ses travaux de la mort, le monstre s'abattait pour un moment, sans mouvement et comme sans vie, ou quand, à la vue d'une proie, il s'arrêtait, suspendu, attentif, méditant ses méditations affreuses.

6. Alors l'aspect de la circonférence obscure se décrivant dans son corps, comme au milieu de marais putrides se montre un puits rempli de noires fanges et d'animaux immondes, vous faisait frémir ; vous croyiez voir, plein de choses sinistres, un sombre abîme, renfermant des profondeurs dévorantes.

7. Tantôt les mouvements de la respiration soulevaient dans tout l'intérieur du noir périmètre, d'immenses plis qui passaient, passaient, en flots précipités, sur la surface frémissante.

8. Et quelquefois, de fureur et d'impatience, l'orbe sombre s'agitait tout entier. Ressemblant alors à une immense sphère, qui se meut, oscillante et déconcertée, entre des révolutions souterraines ; apparaissant tel qu'un gouffre tourmenté qui s'ouvre et se referme, en entraînant dans ses entrailles où se passent des murmures sans nom des êtres dévorés, il tournoyait sur lui-même au milieu de bouillonnements orageux qu'enveloppaient des obscurités redoutables, et créait des horreurs que l'œil du voyant avait peine à soutenir.

9. Là était le cœur du dragon.

10. Après cela, je vis tout autour du cercle noir, et dans toutes les directions jusqu'aux extrémités des membres, une infinité d'autres cercles, de couleurs diverses et d'inégales grandeurs, engrenés les uns dans les autres, et s'imprimant toujours d'eux-mêmes, à mesure que l'immense corps se développait, jusqu'aux parties extrêmes et sans cesse croissantes.

11. Mais les plus extérieurs de ces cercles étaient encore plus ou moins incomplets dans leur contour, qui se trouvait brisé par les extrémités des membres comme par des arcs-coupants.

12. Quelques-uns même, surtout du côté de l'occident et du côté du midi, ne faisaient que montrer des commencements de courbes encore vagues, mais s'avançant toujours et s'éclaircissant de plus en plus.

13. Et avec les cercles s'avançait le dragon ; et sa force, et son audace, et ses projets croissaient en même temps que son corps, et se développaient, et se multipliaient, toujours, toujours.

VI

1. Ce que je vis après cela était encore plus effroyable.

2. Au centre du grand cercle noir, là était le mystère : de cette région des horreurs partaient mille et mille branches de chair et d'os, se répandant de tous les côtés, les unes tendues en arc, les autres dressées en flèches ou tournées en spirales, et toutes se mouvant de mille manières diverses, sortant et s'allongeant sans mesure, ou rentrant en elles-mêmes et se tenant invisibles, selon la volonté, les vues et les intérêts du dragon.

3. Et ces branches innombrables, enfermées dans le cercle des ténèbres, et mues toutes par des ressorts souterrains, étaient les unes comme des queues de serpent, et les autres à peu près comme des bras d'homme et à peu près comme des pieds de lion ; mais le monstre se servait le plus souvent des premières.

4. Or, celles qui étaient faites comme des pieds de lion et comme des bras d'homme étaient les organes de l'action ; et elles affectaient le faste, la force, et un grand appareil

de domination ; et le dragon s'en servait pour ravir la proie du faible et de l'infirme, et de celui qui est plein de peur, et de tremblement, et de folie.

5. Les pieds de lion sont sans nerfs, me dit la voix mystérieuse qui était près de moi, et qui était la voix du Seigneur.

6. Et où donc est la force du dragon et le principe de ses développements? Mais je vis que le mystère était dans les queues de serpent, qui sont les organes de la parole du dragon : car la force du dragon est dans la tromperie; et il trompe par ses paroles dissimulées et séduisantes ; et les queues de serpent sont les véritables langues du dragon.

7. Et je vis que toutes ces langues, que le monstre tenait cachées aux yeux des hommes, ou qu'il lançait, tantôt partiellement et tantôt toutes ensemble, quand il voulait blesser mortellement, étaient parées de beauté, de justice et de puissance : et il en sortait des sons insidieux et des voix caressantes.

8. Mais ces instruments perfides de désolation et de mort n'étaient nullement ce qu'ils semblaient être ; et ils ne ressemblaient en rien à ce qu'ils étaient en réalité.

9. Car ils étaient ornés en dehors de l'ostentation de toutes les beautés, de toutes les grandeurs, de toutes les vertus, et ils imposaient.

10. Et leur intérieur qui restait caché et invisible, au fond, bien au fond, était revêtu sept fois de sept enveloppes; et ces enveloppes étaient toutes dorées; et c'était l'ange des abîmes qui les avait forgées avec les essences premières du mal, et qui les avait remises au dragon, pour qu'il trompât la terre et qu'il la conquît.

11. Et chaque langue avait sept enveloppes, et chaque enveloppe était impénétrable; et l'une était sous l'autre, autour de chaque langue; et le dragon savait les découvrir et

les faire voir toutes ensemble : mais l'intérieur, caché au fond, bien au fond, n'apparaissait jamais.

12. Or sur chaque enveloppe un nom était écrit ; mais je vis que le nom des six premières était un nom double, et le nom de la septième était un nom simple.

13. Or je vis les noms écrits : et sur la première, celle qui était à l'extérieur, je vis écrit : douceur et pureté d'intention ; et sur la deuxième : protectorat et patronage ; et sur la troisième : sagesse et fidélité ; et sur la quatrième : libéralité et pudeur ; et sur la cinquième : bonté et justice ; et sur la sixième : liberté et innocence ; et sur la septième : religion.

14. Mais tous ces noms étaient trompeurs et perfides, car voici les véritables noms, et voici ce qu'étaient les sept enveloppes :

15. La première enveloppe était l'astuce, la deuxième la déprédation, la troisième l'imposture, la quatrième la corruption, la cinquième l'hypocrisie sept fois multipliée par l'hypocrisie,

16. La sixième, la tyrannie tenant des lambeaux d'un vêtement blanc, qu'elle travaillait avec les fils des sept péchés capitaux doublés de ceux de la cruauté, des fausses promesses, de la trahison, du parjure, et du péché contre l'Esprit-Paraclet ;

17. Et la septième, quelque chose dans l'ombre que je pus à peine démêler, et qui était comme une main de spectre jouant avec les sacriléges, jetant le Saint des Saints dans la bouche d'animaux immondes, et donnant au démon les choses du ciel.

18. Mais après cela je vis ce qui était sous les enveloppes : il y avait comme des dards à la pointe aiguë et rougeâtre ; et les dards demeuraient cachés sous toutes les enveloppes, comme la dent de l'aspic sous les gencives venimeuses.

19. Or chaque langue avait son dard, et chaque dard

courait, souterrain, sous les sept enveloppes forgées par l'ange des abîmes avec les essences premières du mal, depuis la pointe aiguë et rougeâtre jusqu'au grand cercle noir, où était le cœur du dragon, et où prenaient racine et les langues et les enveloppes et les dards.

20. Qui peut dire le mode des langues faites comme les queues des serpents, soit lorsque le monstre les tenait invisibles sous son ventre, soit lorsqu'il les déployait en spirales mouvantes, ou qu'il les lançait, tendues vers leur but, sortant toutes ensemble leurs traits empoisonnés, et se prolongeant à d'énormes distances, au delà du vaste corps et en dehors des membres déployés !

21. Seigneur, qui sauvera les habitants de la terre de la puissance du dragon? Qui les sauvera de la puissance des langues, de la séduction des enveloppes et de la pointe des dards?

22. La voix du Seigneur se fit entendre auprès du prophète Zacharie et lui dit : C'est dans les langues qu'est enfermé le mystère : là est le principe de la force et des développements du dragon ; mais c'est encore et surtout dans le signe qu'il a sur la tête, et dans le nom qu'il porte écrit sur le front.

23. Alors je regardai la tête du dragon, et j'y vis gravé un signe qui est grand sur la terre et au ciel et dans les enfers ; et je regardai son front, et j'y vis écrit un nom qui fait tout fléchir sur la terre et au ciel et dans les enfers : et le nom écrit était le nom du Sauveur des hommes, et le signe gravé était l'étendard des peuples, la croix.

24. Mais le nom n'était que commencé, et il n'était pas achevé sur le front du dragon ; et le signe était falsifié, et il était gravé au rebours sur sa tête.

25. Et ainsi gravé, ce signe était répandu sur tout le corps du monstre, courant, en lignes rouges et pâles et

noires, de la tête jusqu'à l'extrémité des deux queues perdues dans les mers ;

26. Car le dragon faisait passer la croix renversée sous le grand cercle noir, où il la tenait enchaînée et avilie, parmi des obscurités sacriléges, entre les fanges de toutes les iniquités, et sous les chaînes de toutes les tyrannies.

27. Puis il la montrait avec ostentation ; et il la nommait de ses voix impures, et il la touchait de ses langues hideuses faites comme des queues de serpent ; et, feignant de l'adorer, il s'en servait pour faire ses conquêtes.

28. Mais la croix était partout renversée, et elle ne pouvait se relever ; et le nom n'était que commencé, et il n'était pas achevé sur le front du dragon.

VII

1. En ce moment le dragon, pris tout à coup comme d'un effroi soudain, et comme tourmenté par des passions immensément orageuses, se leva tout entier.

2. Il se dressa sur lui-même, il se développa, il se montra à mes yeux tel qu'il était, et le voyant d'un seul coup, en dedans et en dehors, en dessus et en dessous, je pus le contempler dans toute la magnificence de sa beauté horriblement sublime, c'est-à-dire dans la plénitude de ses difformités sans nom.

3. Ses pieds se roidirent ; ses bouches se remplirent d'écume et de sang ; toutes ses langues se tendirent ; se soulevant sous d'immenses bouillonnements, le grand cercle noir tournoya rapidement sur lui-même ; les deux queues se déroulèrent avec des sifflements sinistres à travers les profondeurs de l'Océan immobile, et, se précipitant comme un souffle furieux, l'haleine empoisonnée jeta des tempêtes ardentes dans les mers ténébreuses.

4. Puis, toute la masse du ventre, venant à se découvrir à l'œil avec l'infinité de ses cercles tournant tous ensemble dans leurs orbites tourmentées et changeantes, autour du grand cercle des ténèbres, offrit l'image d'un firmament obscur rempli de comètes sinistres, qui rouleraient sans ordre, sanglantes et décomposées, dans des espaces sombres.

5. Un monde de dévastations, un noir abîme traversé des rayons livides de mille foudres fuyant et s'éteignant sans cesse dans la nuit de toujours, un effroyable enfer rempli de chaînes de feu et de désordres éternels, sont à peine la figure des choses que Zacharie a vues chez le monstre horrible qui est le dragon.

6. Or dès que j'eus remarqué toutes ces choses, la voix du Seigneur répéta : C'est dans les langues qu'est le mystère, et c'est dans le centre du grand cercle noir que sont les causes; car là est le cœur du dragon, et c'est dans le cœur du dragon qu'est enfermé le règne du mal.

7. Mais la cause et l'occasion sont encore dans le signe sacré qu'il porte sur le front et sur toutes les autres parties de son corps. Ses conquêtes ne sont pas terminées, et il va marcher encore, et il grandira toujours, jusqu'au grand jour, qui est le jour de la justice.

8. En ce jour-là ma main se lèvera sur lui : et il frémira de rage, et il hurlera de désespoir, et il sera frappé de grandes plaies, et il sera couvert de blessures d'épée, et il sera assis dans l'humiliation, et la honte, et les douleurs, et la mort : mais après cela ma main ne se retirera pas, et mon bras sera toujours levé.

9. Or, la parole du Seigneur tomba sur le monde : menaçante et formidable, sa voix tonna et passa, et d'écho en écho, elle s'étendit sur toute la surface de la terre.

10. Et je vis qu'elle entra dans les oreilles du dragon qui étaient ouvertes, et qui recueillaient tous les vents de l'o-

rient et du couchant; et je la vis courir et ondoyer comme un flot sur tout son dos.

11. Et elle disait : Malheur au dragon! Et elle disait : Malheur à l'empire de l'Aquilon!

12. Alors je remarquai et je compris une chose : je compris et je vis que le dragon était vraiment l'empire de l'Aquilon.

VIII

1. Après cela je regardai le dos du monstre; et du côté du septentrion, mais vers le couchant, près du golfe des Venèdes, sur les fanges d'une île formée par les eaux d'un fleuve, je vis un grand trône entouré de plusieurs triangles et d'un grand nombre de cercles de trônes, placés en amphithéâtre, les uns autour des autres, et les uns moins élevés que les autres, ainsi que les degrés décroissants d'une échelle.

2. Et sur le grand trône était assis un homme; et sur les trônes inférieurs étaient assis aussi des êtres qui me semblèrent des hommes : et tous tenaient dans les mains des chaînes et des fouets.

3. Et l'homme qui était assis sur le grand trône portait sur sa figure un mélange de choses contradictoires : des formes imposantes, une contenance altière, un orgueil héréditaire et despotique, et, en même temps, une certaine douceur de caractère assez définie.

4. Il avait l'arrogante habitude du commandement, le maintien superbe, le langage méprisant; il avait aussi une mobilité astucieuse de traits, et quelque chose de soupçonneux, d'inquiet pour son avenir, d'impatient et d'irascible contre toute résistance, de furieux, d'inflammable, de sujet

aux passions orageuses, et aux grandes tentations, et à toutes les concupiscences de l'esprit.

5. Puis tout ceci se trouvait en lui dominé par des ambitions effrénées de cœur, et par un goût d'habitude très-prononcé pour la tyrannie.

6. Et cependant il y avait en même temps chez cet homme, qui était roi, et qui était le prince de l'Aquilon, une sorte de bonté naturelle, quelque inclination à la vertu, et même une certaine piété.

7. On eût dit en certains moments, que sur son trône élevé, siége périlleux, région sujette à de continuels orages, il se trouvait malgré lui, et contre les voies de sa nature.

8. Même quelquefois, en regardant le signe sacré qui était sur la tête du dragon, et qui était aussi dans ses mains, ainsi que dans tous les lieux de son empire, qui se dit orthodoxe, mais qui n'est autre chose que l'horrible règne des ténèbres où est assis le dragon, fils de Satan, l'homme du grand trône paraissait écouter la voix de sa conscience ;

9. Et dans des velléités passagères, il semblait vouloir redresser le signe renversé ; mais bientôt il s'arrêtait et le mal prenait le dessus, car tout en lui était soumis à l'ambition. D'ailleurs ceux qui étaient assis à ses pieds sur les trônes inférieurs et qu'il tyrannisait, l'arrêtaient dans les voies du bien : ils le tyrannisaient à leur tour.

10. Or en ce moment-là je vis qu'ils étaient tous occupés. Et voici ce qu'ils faisaient en ce moment : l'homme du grand trône, qui porte sur sa figure un mélange de choses contradictoires, continuait l'œuvre de ceux qui l'avaient précédé sur ce trône ;

11. Et il continuait l'œuvre de celui qui y avait été assis avant lui, mais qui ensuite était tombé dans le dérangement de la tête, et était mort de mort ;

12. Et ceux qui étaient assis sur les petits trônes continuaient l'œuvre de ceux qui les avaient précédés sur ces

mêmes trônes; et tous ensemble ils étaient occupés à pousser la tête du dragon vers le Midi :

13. Il la poussaient sur les villes, les bourgs, les fleuves et les monts d'Albanie et d'Ibérie antiques, et sur les eaux de Phison, et sur tout le pays d'Hévilath où il vient de l'or;

14. Comme aussi du côté de Cérasonte, et de Sésame, et de Chalcédoine, et d'Héraclée, et vers toutes les côtes inférieures d'Ascenez (1), la mer ténébreuse.

15. Et la tête horrible croissait et s'avançait sur les terres d'Hévilath où il vient de l'or; et elle étouffait tous les pays qu'elle allait acquérant peu à peu : mais elle ne pouvait atteindre les côtes inférieures d'Ascenez, la mer ténébreuse.

16. Or ceci est ce que faisaient en ce moment-là le dragon et tous les hommes des trônes de son dos. Mais voici ce qu'ils vont faire, et voici les choses qui vont arriver : car le Seigneur Dieu, qui voit et qui sait, qui parle et qui agit, m'a révélé l'avenir.

IX

1. Choses de l'avenir, que le Seigneur a montrées à Zacharie, au temps que celui-ci prophétisait, et qui arrivent bientôt.

2. En ce temps-là j'entendis venir de l'Occident un grand bruit. Il venait lointain, accéléré, semblable aux roulements des chariots de guerre et au son des trompettes belliqueuses.

3. Le dragon qui était occupé à faire avancer la partie méridionale de son aile droite, et à déchirer de son pied droit toutes les bouches de l'Ister, s'arrêta; il suspendit son travail meurtrier; il écouta : puis, d'un frisson mortel, toute

(1) La mer Noire, dans le langage des Écritures.

sa chair trembla. Mais bientôt il reprit courage, et il attendit.

4. Alors je vis qu'un homme accourait de l'extrémité méridionale de l'aile gauche. Il venait vers le roi de l'Aquilon, et il marchait avec précipitation, en disant des paroles agitées; mais on ne pouvait comprendre ce qu'il disait.

5. Or, cet homme était un habitant du désert de Karizm, dans les déserts de la Turkomanie. Il habitait entre des cavernes sombres, d'où il ne sortait que pour errer tout seul et dans l'ombre des nuits, à travers des lieux inhabités, ou pour dire des paroles sinistres.

6. Sa tête était toute chauve, son front pointu, sa bouche large, ses yeux sans paupières, petits et enfoncés, et ses lèvres sur lesquelles passait sans cesse un sourire amer, s'avançaient jusqu'à son menton et jusqu'à son nez.

7. Quand il errait dans les lieux inhabités et affreux, il se parlait toujours à lui-même; mais il ne parlait et ne pensait jamais que ruines, dévastations, malheurs, et sa parole n'était qu'un ricanement ténébreux et féroce.

8. Il se disait pasteur et prophète, et il se disait l'ange tutélaire du superbe empire qui est le même que le dragon; mais il n'était rien de tout cela.

9. Etait-ce une âme d'entre celles qui habitent les enfers profonds? Non : car c'était le fils du péché qui est le péché d'Aquilon, et le père des péchés et de la mort qui sont les péchés et la mort d'Aquilon.

10. Or je vis qu'il accourait en criant : Il vient, il vient : et quand il fut près de l'homme assis sur le grand trône, il cria encore : Il vient, il vient.

11. Que vois-tu, bouche sainte des prophètes, mon fidèle gardien? Je vois celui qui vient des lieux où se couche le soleil : c'est l'ennemi de la paix : il vient pour renverser ton trône sacré, et pour s'emparer des aigles qui sont sur ta tête.

12. Mais ne crains pas, ô César : l'esprit de l'Aquilon brisera l'épée de l'ennemi de la paix, qui va tomber entre les mains, et qui va être couronné d'ignominie.

13. Après cela le prophète faux, qui prophétisait quelquefois la vérité, s'éloigna rapidement ; et il parcourait tous les lieux où était le dragon en répétant : Il vient, il vient.

14. Il disait aussi : Terres des Kaures et des Roxolans, fleuves des Slaves, îles de Codanus, steppes et solitudes du Scythe et du Sarmate, cités des Gélons et des Polènes, forteresses de Cténus, préparez-vous : il vient, mais il tombera ; car le Très-Haut a donné l'empire des nations au dragon victorieux.

15. Je lui entendis dire enfin : Fils de l'Aquilon, guerriers du pays des conquêtes, où sont vos armes ?... non... elles ne sont pas bonnes, et elles ne pourraient lui résister, car vos bras sont faibles, et il vient. Jetez vos épées, jetez par terre vos boucliers... le feu, le feu... où est le feu ?

16. Et en disant ces paroles il disparut. Mais tandis qu'il disparaissait, il murmura entre ses dents : Il arrivera sur lui le jour de la justice et de la colère : c'est pour me venger que je le protége.

17. Le prophète de Karizm parlait ainsi parce qu'il était l'ennemi du bien, mais il était aussi l'ennemi du mal, et il était l'ennemi secret de Satan et du dragon, fils de Satan.

X

1. Alors je vis celui qui venait du côté de l'occident : c'était comme un lion rugissant qui marche par sauts immenses, l'œil enflammé, la crinière éparse aux vents.

2. Ses pieds bondissaient comme les pieds du léopard ; sa voix était comme l'éclat du tonnerre, et sa marche comme l'aile des tempêtes.

3. Ses yeux brillaient, tels que les éclairs du ciel dans la nuit ; dans ses mains il tenait des dards embrasés, et sous ses pieds étaient des débris de couronnes ; mais les débris des couronnes étaient son char de triomphe, et les dards embrasés couraient toujours, rapides comme la foudre.

4. Il tenait aussi un livre et une croix ; et le livre était écrit avec des paroles justes et sages, et la croix était droite et ferme entre ses mains.

5. Tandis que de lumineuses coruscations brillaient continuellement autour de lui, au-dessus de sa tête apparaissait, aux ailes déployées, un aigle qui, d'un œil étincelant, mesurait la terre et appelait les combats.

6. C'était l'aigle de France, le pays de la gloire ; c'était le Lion venu de Cyrne ; c'était le grand roi de l'occident, qui nourrit de vastes projets en son cœur.

7. Or le Lion de Cyrne venait contre le dragon ; et il était entouré d'armées innombrables, et de lances lumineuses, et de boucliers solides ; et la terreur marchait à ses côtés, tandis que des bruits de guerre le suivaient et le précédaient.

8. Je vis aussi à ses côtés un Esprit beau et majestueux, qui, plein de force et entouré d'éclat, l'avait toujours accompagné et suivi : mais en ce moment là l'Esprit semblait triste et dolent.

9. Quand le Lion fut arrivé, il jeta un rugissement effrayant et il s'élança sur le dragon. Il y eut un choc épouvantable de lutte, et le dragon allait être dévoré par le Lion de Chibtim, l'île ; et il était effrayé par l'aigle de France, qui tenait ses ailes étendues sur la tête du Lion, le grand César de l'occident ; et il tremblait de peur, car il allait être dévoré.

10. Mais tout à coup, et sans que j'eusse senti son approche, je vis que l'être des ténèbres, Satan, l'esprit superbe et menteur, le dieu du mal, apparut ; il s'arrêta ; il

se tint là, devant le roi de l'Aquilon; il lui communiqua une force destructive et des projets affreux; et, le touchant de sa main, il lui dit : Ne crains pas.

11. Et un moment après je vis que le dos du dragon était tout en flammes; et je vis que le Lion s'en retournait vers l'occident, tout seul, rempli de tristesse et de déception : l'aigle, qui était encore sur sa tête, avait replié ses ailes, et l'Esprit beau et majestueux qui l'avait toujours accompagné, et qui se trouvait encore à ses côtés, s'était voilé le visage, et il s'en retournait aussi.

12. Alors se fit entendre la voix du Seigneur qui dit : Malheur au Lion parce qu'il a péché deux fois : il a péché contre la chair de sa chair et les os de ses os, et il a péché contre sa religion et contre son âme.

13. Et parce qu'il a péché contre sa religion et contre son âme, je vais détruire sa puissance et la donner à un autre; et parce qu'il a péché contre la chair de sa chair et les os de ses os, je vais rendre désolée la couche de son lit, et je vais affaiblir sa postérité.

14. Cependant, dit le Seigneur Dieu, ma colère ne sera pas éternelle contre le Lion. Un jour je ferai sortir de sa race un rejeton; et le rejeton sera glorieux, et il sera béni par les nations.

15. Et alors ma colère contre le Lion sera apaisée; et le second Lion continuera l'œuvre du premier ; et il vengera la vérité et la justice; et par lui le dragon sera arrêté dans sa marche qui effraiera les peuples en ce temps-là; mais les crimes du dragon ne seront pas arrêtés, et ses iniquités ne recevront pas leur récompense d'expiation :

16. Car les crimes du monstre fils de Satan sont immenses et infinis. Voilà pourquoi, dit le Seigneur, je punirai le dragon, et je punirai ceux qui règnent sur lui. Je les punirai d'abord en leur donnant ce qu'ils désirent, et en leur ouvrant les chemins des vanités qu'ils recherchent et

poursuivent avec tant d'ardeur : celle-ci est la punition dont je me sers souvent.

17. Et ils feront des conquêtes jusqu'à vomir, et leurs iniquités deviendront aussi grandes que leurs conquêtes : mais alors ma main se lèvera sur le dragon, et l'épée tombera et le coupera en morceaux : et quand il sera coupé en morceaux, ni l'épée ni ma main ne se retireront, car elles seront toujours levées jusqu'à la dernière consommation, dit le Seigneur Dieu.

XI

1. Le dos du dragon était encore fumant des feux à demi éteints que lui-même avait allumés, lorsque je vis se lever, enveloppé des tourbillons d'une fumée noire, l'homme du grand trône.

2. Brillant de toutes les splendeurs de l'orgueil, son front se dressa, pareil aux chênes de Basan ; mais, comme prise par du vin capiteux, ou étourdie par des nuages qui monteraient d'un vase où l'on brûle de l'encens et de la myrrhe, sa tête chancelait, tandis que sa voix, étouffée dans sa gueule par le poids d'une grande joie, sortait péniblement de sa bouche entr'ouverte.

3. Il se tint debout et il dit : Qui est semblable à moi ? qui pourra me résister? Poursuivons le Lion. L'heure arrive, l'heure de la victoire éternelle... et bientôt la terre... il ne put continuer : le délire de l'orgueil le suffoquait : il chancela et il se rassit en tremblant.

4. Mais il se releva aussitôt, et partit suivi de grandes multitudes.

5. Les rois des nations qui sont près de l'aile droite du monstre, et les princes des îles et des terres où se couche

le soleil, séduits par lui, et remplis de fiel contre le Lion, marchèrent avec l'homme du grand trône. Les rois des nations et les princes des îles étaient aveugles, et ils ne voyaient pas les pensées du dragon, ni les dards qui sont sous les sept enveloppes.

6. Alors on entendit des pas d'armées, et des chocs d'armes, et des bruits de bataille pendant quelque temps.

7. Et le lion de Chibtim, qui est Cyrne, fut assailli de toutes parts ; et il fut malheureux. Et je vis que le roi d'Aquilon lui coupa la crinière et les ongles ; et il lui ôta la force et le pouvoir, mais il ne put l'enchaîner.

8. Cependant je vis le Lion revenir : ses ongles et sa crinière avaient repoussé ; il avait recouvré sa force et son pouvoir. Sa vue remplit d'effroi le cœur de ses ennemis, et le dragon frémit et trembla de frisson.

9. Mais une seconde fois celui qui était assis sur le dragon se leva, et il appela les rois aveugles et les princes séduits.

10. Or, tous ensemble ils n'auraient pu vaincre le Lion ; mais des infâmes et des traîtres, qui étaient près de lui, et avec lesquels il partageait la proie du matin et du soir ainsi que la gloire du jour, le trahissaient, envieux de la gloire, traîtres de l'honneur, apostats de la patrie.

11. Alors je vis que le Lion, par un acte d'héroïque imprudence, se jeta de son propre gré dans les chaînes, et il se vainquit lui-même, car nul autre que le Lion ne pouvait vaincre le Lion.

12. Et on le mit dans la captivité ; et on le relégua dans les solitudes lointaines et désespérantes d'une île qui est au fond des mers universelles, et qui sera toujours célèbre à cause de cela.

13. Là, assis dans l'humiliation et les douleurs, loin de sa patrie et des lieux témoins de sa gloire d'autrefois, solitaire, impuissant, désespéré, le Lion languissait, dépéris-

sait, expirait sur un rocher désert ceint de flots murmurants : digne sépulcre de sa grande vie que seul un grand naufrage pouvait emporter, et que seul le bruit éternel des vagues orageuses pouvait reposer et endormir, entre les mers profondes.

14. Là, près du cercueil désolé, se tenait encore l'Esprit majestueux que j'avais toujours vu à ses côtés : il se tenait morne, silencieux ; son attitude était pensive et douloureuse ; tout autour de son front, ses ailes étaient ployées, et un voile de tristesse profonde était répandu sur tous ses traits. C'était le génie de la gloire rêvant sur la tombe de celui qui n'était plus.

XII

1. Zacharie, fils de Juda, prophétise, parle aux rois aveugles et aux princes séduits, et dis : Votre haine, votre jalousie, votre folie périront, et votre nom périra.

2. Parle au roi de l'Aquilon, et dis : Roi, autant que ta puissance est grande, autant sont perfides tes pensées et ta main est rapace ; mais toute ta force ne sera que poussière, et toute ta gloire, de la chair corrompue et puante.

3. Parle encore et dis-lui : Ton cœur s'est élevé en toi-même comme les cimes d'un peuplier qui est planté sur le bord des eaux, et ton orgueil s'est élargi comme la fumée épaisse, lorsqu'elle est montée en masse noire ou en colonne flottante à deux cents coudées au-dessus de la terre.

4. Or, tout ce qui est en toi est semblable à de l'étoupe sèche que l'on va approcher du feu : je connais tes pensées et tes projets ; mais tes pensées et tes projets périront, et avec eux tu périras, et tu ne vivras pas. Toi, tu mourras de mort : néanmoins ce sera avant l'heure du dragon.

5. Car l'heure du dragon arrivera aussi, et rien ne pourra l'arracher de mes mains, ni le sauver de ma colère : c'est moi qui l'ai résolu, et c'est moi, le seigneur Dieu, qui récompense le bien et qui punis le mal à travers plusieurs générations.

6. Mais le nom du Lion je le ressusciterai ; je ferai refleurir sa postérité, et sa gloire renaîtra et vivra selon son temps. C'est moi qui ai résolu cela, dit le Seigneur Dieu.

7. Après cela je vis que les ennemis du Lion se partageaient ses dépouilles; et l'homme du trône d'Aquilon partageait, mais il se réservait tout pour lui, parce qu'il sait tromper par les langues et par les enveloppes qui ont un nom trompeur et séduisant.

8. Et ses compagnons de rapine ne s'en apercevaient pas, car lui, il semblait leur donner leur part, et eux, ils étaient aveugles.

9. Ensuite ils faisaient entre eux des alliances et des contrats, et ils écrivaient leurs noms; et ils écrivaient : Oui.

10. Mais l'homme d'Aquilon, celui qui porte sur sa tête une image double, qui veut dire maître des deux hémisphères par le droit et par l'avenir, et qui est l'enseigne des anciens Césars, dont ses pères prirent le nom, après l'avoir corrompu et changé en un autre nom plus court, car ils ne voulaient pas encore révéler leur pensée secrète,

11. Celui-là écrivait le contraire de ce qu'il devait écrire ; et il écrivait non, là où il devait écrire : oui; et il écrivait guerre, conquête, tyrannie, adoration, là où il devait écrire : paix, honneur, justice. Mais ses stupides alliés ne s'en apercevaient pas, et ils avaient des yeux pour ne pas voir.

12. Alors j'entendis l'homme dominateur qui dit : Enfin j'en suis délivré; maintenant tout est à moi. Puis il dit : En avant; et il éleva le signe sacré dont il se servait pour tromper et sur lequel il jurait le mensonge et la perfidie.

13. Ceux qui étaient assis sur les trônes inférieurs ré-

pétèrent : En avant ; et tous ils se mirent à flageller le dragon, et à le pousser vers toutes les parties de la terre : et ils le poussaient, et l'homme dominateur le poussait.

14. Car, outre qu'il était lui-même porté de sa nature à faire cela, il était encore obligé d'agir ainsi, sous peine de disparaître, à la manière du farouche petit-fils de Numitor, et comme avaient disparu la plupart de ses devanciers, dans un mystérieux tourbillon, par suite des arrêts irrévocables de son propre sénat, le tribunal secret et terrible des rois d'Aquilon.

15. OEil dévorant, veillant sur le noir dépôt de l'usurpation et de l'iniquité, main sanglante toujours suspendue sur la tête des tyrans, et faisant dans l'ombre des exécutions ténébreuses au moindre soupçon d'une opposition quelconque de leur part à la marche du dragon, inexorable gardien des mystères de la mort, espèce d'enfer vivant, inévitable, ce sénat était le premier conservateur du règne de la tyrannie.

16. Or, dans la nuit, sous cette main fatale, disparaissait tout maître de l'universalité des esclaves, qui manifestait la moindre bonne volonté, la moindre inclination pour la justice ou pour la liberté.

17. Et je vis en ce moment que Satan le diable était toujours là ; et il resta auprès du dragon et de l'homme du grand trône ; et je compris que tout ce que faisaient et tout ce qu'allaient faire le monstre et le tyran était l'œuvre de Satan le démon, et que son esprit était leur esprit.

18. Mais après cela j'entendis une voix formidable, qui se répandit par tout le ciel, et qui tomba droit sur le dragon : et la voix disait : Malheur !

XIII

1. Tout à coup je vis plusieurs visions, qui étaient des signes et des symboles.

2. Je vis d'abord une femme enceinte. Elle était accablée par le poids intérieur, et elle ne pouvait mettre au jour le fruit de son sein. Sa tête, vaincue par les vapeurs du sang, restait tout abattue, tandis que ses entrailles déchirées, bouleversées, laissaient entendre de profonds et continus gargouillements, semblables aux révolutions frémissantes de plusieurs eaux qui se sont précipitées dans un tuyau dont l'extrémité qui leur sert d'issue est trop resserrée.

3. Tantôt la femme tenait la bouche tout ouverte, et ses yeux roulaient rapides, effrayés, sanglants ; tantôt ses yeux et sa bouche se fermaient lentement et sa tête s'inclinait sur un côté : alors son sein se soulevait d'abord immensément et s'agitait avec violence sous d'effroyables secousses et comme entre d'internes révoltes d'agonie qui faisaient pitié et horreur ; puis, s'abattant tout d'un coup, il restait pour longtemps immobile et silencieux : la femme semblait alors tout à fait privée de vie.

4. Le Seigneur me dit : Accouche cette femme ; et je lui aidai à enfanter ; et elle enfanta deux enfants, l'une femelle et l'autre mâle. Mais les ayant vus, elle détourna les yeux avec une certaine amertume, et elle me parut affligée, car elle disait : je suis sans force, et je n'ai pas de lait dans les mamelles.

5. Puis les ayant de nouveau rencontrés des yeux, elle les regarda, et comme elle les trouva beaux, elle les contempla pendant quelque temps ; après quoi elle les accueillit dans ses bras et me dit : Sois béni.

6. Je vis ensuite un cheval roux, fait à l'image du dragon,

et ressemblant à la flamme ardente qui sort d'une fournaise de feu où l'on fond du métal de diverses natures : il sortit d'un lieu qui sentait mauvais, et il s'élança comme un coursier de bataille.

7. Sa crinière était éparse et sa queue recourbée en arc; de ses pieds dévorants il battait la terre, et de ses naseaux gonflés il s'échappait des souffles brûlants et des hurlements semblables à ceux du monstre dont il était l'image.

8. Or il se précipita sur la terre qui sonna creuse et retentissante, et il passa parcourant le monde, monté par un cavalier qui portait sur sa tête deux aigles embrassés et dans ses mains une croix renversée et des chaînes, et qui criait : Adorez. A mesure qu'ils avançaient, le cheval roux et le cavalier grandissaient d'une manière démesurée.

9. Mais le tranchant d'une épée arriva qui traversa le cheval roux, lequel tomba en jetant d'affreux hennissements; et comme l'épée n'était pas encore rassasiée, et qu'elle était toujours avide et pleine de fureur, elle descendit encore plusieurs fois sur le cheval et sur le cavalier.

10. Dans la bouche du cheval roux et du cavalier il y eut des paroles de blasphème et des cris de désespoir, et autour d'eux il y eut de grands applaudissements de voix, et tous les animaux de la terre accoururent sur leurs cadavres et dévorèrent leur chair.

11. Après cela je vis un arbre qui s'éleva sur la crête d'une montagne, et qui devint robuste et grand d'une manière indicible : car, par mille et mille canaux, l'eau de tous les fleuves des monts venait arroser la plante de son pied.

12. Or il s'étendait en ses troncs noueux, et en ses rameaux superbes, et en ses branches immenses qui couvrirent presque toute la terre ; et tandis que ses racines circulaient dans tous les rochers des montagnes, ses cimes menaçaient les hauteurs du firmament et défiaient les foudres du ciel.

13. Et la terre qu'il couvrait de son ombre, semblait pleine de toutes les beautés de la nature, et de toutes les richesses de l'art, et de toutes les choses les plus précieuses et les plus recherchées.

14. Mais du ciel descendit une goutte de je ne sais quoi, semblable à une étincelle de feu qui vint sur l'arbre ; et l'arbre fut aussitôt consumé ; et il resta dépouillé de toutes ses feuilles et de toute son écorce ; et il apparut sur la montagne, semblable à un grand fantôme blanc et immobile, avec tous ses troncs dépouillés et ses immenses rameaux encore dressés et étendus au loin.

15. Puis l'étincelle venue d'en haut s'attacha aux racines, et le feu passa aux branches, et l'arbre fut tout brûlé. Or, ainsi dévoré par le feu, l'arbre était encore debout ; mais des vents vinrent qui l'emportèrent tout entier pièce par pièce ; et il s'en alla en cendre menue et impalpable, jusqu'à la tige qui entrait dans la terre et jusqu'aux racines qui circulaient dans les rochers durs.

16. Après cela je vis un grand navire qui voguait avec orgueil dans toutes les eaux des mers : il marchait bouleversant toutes les ondes et grandissant à mesure qu'il avançait ; et il détruisait tous les vaisseaux qu'il rencontrait ; et il marchait toujours, brisant tous les écueils et invitant les tempêtes.

17. Et il disait : Rien n'est semblable à moi dans les eaux ; je suis le roi des mers : et il étendait ses voiles, et il déployait ses pavillons, et il voguait.

18. Alors au fond des horizons de l'Occident se montra un petit point noir : le nuage grossit et s'avança contre le navire orgueilleux, et il apporta sur les mers les vents, les orages et la nuit.

19. Or, au milieu de la nuit, sur les vagues qui frémissaient, le tonnerre se précipita plusieurs fois, et des flammes rapides enveloppèrent le navire qui craqua avec des

bruits sourds, tandis qu'une voix, du milieu des orages et des obscurités, disait : Malheur au roi des mers.

20. En même temps le roi des mers sombra avec un silence lugubre, et il descendit dans les abîmes profonds ; les vents, les orages, les foudres, et des voix qui venaient des quatre parties de la terre, applaudissaient et disaient : Il est dans les abîmes profonds.

21. Je vis enfin une panthère femelle qui était devenue folle, et qui courait en désordre par tous les champs et par tous les monts : la folie avait décuplé ses forces : elle se précipitait dans toutes les forêts qu'elle réduisait en servitude, et sur tous les animaux qu'elle attaquait et dévorait.

22. Son museau, ses pieds, ses griffes, étaient chargés de sang ; à son cou était suspendu un signe informe qui ressemblait à une croix ; et elle courait, et elle disait : Je suis sans pareille ; voici, j'ai déchiré le sein de ma mère, et je vais dépouiller son sein et sa tête, et tout sera à moi.

23. Mais tout à coup des panthères mâles débuchaient de toutes parts et se mettaient à poursuivre la panthère femelle, et la tenant enfin, ils la perçaient de leurs ongles.

24. Cependant les blessures de la panthère n'étaient pas mortelles ; et comme elle semblait revenue à la raison, ses ennemis la laissaient libre. Mais voici qu'une seconde fois redevenant folle, elle se lançait de nouveau dans les forêts et y faisait de plus grands ravages : alors les panthères mâles l'attaquaient en plus grand nombre, la resserraient de tous les côtés, et la tenaient : et je voyais que le cadavre de la panthère était jeté tout déchiré et fétide sur la terre.

25. Après avoir vu toutes ces choses, je dis : Seigneur, ayez pitié de mon ignorance : que veulent dire toutes ces visions ?

26. Mais la voix du Seigneur ne répondit pas : pendant le quart d'une heure il y eut silence. Durant ce temps je regardai le dragon, et je vis qu'il grandissait sans mesure,

et il semblait être en proie aux voluptés d'une joie immense.

27. Or dès que le quart d'heure fut passé, la voix du Seigneur se fit entendre et dit : Fils de l'homme, toutes les choses que tu as vues sont des signes et des symboles qui se rapportent à l'empire de l'Aquilon dont le dragon est l'image : ce sont les signes de ses pensées, de ses projets, de ses conquêtes; et ce sont les symboles de sa puissance, de ses richesses, de ses forces de terre et de mer. Mais tout ce que tu as vu arrivera sur lui, car les signes et les symboles sont vrais, et ils doivent s'accomplir sur le dragon.

28. Quant à la femme enceinte et aux deux enfants, ce sont les nations, celles qui sont dans la voie, et celles qui sont hors de la voie ; car elles seront travaillées longtemps au-dedans d'elles-mêmes ; mais enfin, après que la base des sociétés aura été ébranlée plusieurs fois, et qu'elle sera devenue comme les fondements d'un édifice qui a été renversé par les secousses de la terre, et frappé en même temps par les foudres du ciel, les nations seront obligées d'ouvrir les yeux, et elles entreront dans ma voie, qui est la voie de la vérité et de l'ordre et de la justice.

29. Alors elles connaîtront aussi le dragon tel qu'il est ; et elles verront qu'il est l'obstacle principal à la marche de la lumière et du bien, et qu'il est mon ennemi le plus grand, car le dragon est sur la terre le premier-né de Satan ; ensuite elles viendront contre lui, la dernière fois, avec des armes saintes, ayant toujours à leur tête la fille de la gloire et du génie, et ayant à leur côté la sagesse et le courage, qui sont les deux enfants de la femme.

30. Or celle-là sera la véritable Croisade, car ce sera déjà l'heure ; mais l'heure n'arrivera qu'à la fin, et à la fin ce sera ma main qui accomplira toute l'œuvre de la justice et toute l'œuvre de la vengeance.

31. Fils des prophètes, sache cependant que quelques-unes d'entre les nations resteront toujours séduites et trom-

pées par le dragon, et qu'elles lui seront fidèles jusqu'à la fin. Malheur à celles-là !

XIV

1. En attendant, le dragon cruel se moquait des alliances de paix qu'il avait faites avec les peuples ; et l'homme qui était sur son dos s'en moquait aussi, et il présidait à tous les conseils des nations qu'il dirigeait à son profit.

2. En même temps il excitait entre elles toutes ces nations à la haine et à la guerre, et il les irritait surtout contre les pays du midi, dans le but d'y faire passer la tête du monstre.

3. Alors la voix mystérieuse qui était toujours auprès de moi, me dit : Vois ce qui sort de la bouche du dragon ; et je vis qu'il en sortait des vapeurs et une ligne de fumée, qui s'échappait de sa gueule tantôt droite et tantôt courbe, et qui s'en allait vers les îles de la mer Egée.

4. C'était le souffle de son haleine empoisonnée qu'il rejetait sur les terres de Cethim et sur tout le pays de Javan afin de le pousser aux révoltes sanglantes ; et il avait dirigé de ce côté toutes les langues du grand cercle noir avec tous les dards acérés et mortels des langues ; mais les dards étaient cachés sous les sept enveloppes, et l'enveloppe de la protection ou du protectorat se montrait la première à la vue.

5. Or déjà l'haleine empoisonnée avait noirci les pourpres d'Elisa, et Javan, la terre célèbre, avait brisé les chaînes que lui avaient imposées les malheureux et barbares enfants de Mahomet l'imposteur : barbares, parce qu'ils ne veulent pas voir la lumière qui est assise sur les cimes de Golgotha ; malheureux, parce qu'ils resteront encore quelque temps dans les ténèbres de la mort, et qu'ils seront cruellement éprouvés par le dragon.

6. Mais enfin le Seigneur usera de miséricorde envers eux, et ils ne disparaîtront pas tout à fait, et ils ouvriront les yeux ; et un signe sacré, le vrai signe, remplacera le signe de la demi-lune, et il s'élèvera sur les tours de Byzance et sur les tours de Solyme, quand l'heure sera arrivée.

7. J'entendis alors le tyran de l'Aquilon dire : Je vais rétablir l'ordre à Javan : ce qui signifiait, je vais y porter ma main et ma verge, je vais y faire passer l'aile du dragon. Et comme on lui répondit non, il dit en lui-même : J'irai.

8. Mais il n'eut pas le temps d'aller : car, sur les rives du lac putride, livide, ensanglanté, enveloppé de crêpes sombres et de mystères tragiques, je vis étendu un cadavre : c'était celui de l'homme orgueilleux qui avait porté sur sa tête deux aigles embrassés, l'enseigne des Césars, et qui avait porté sur sa figure un mélange de choses contradictoires. Le roi superbe de l'Aquilon était là mort de mort.

9. Mais après cela, le mot terrible retentit encore. Telles seraient les voix inexorables d'une grande pendule, restée seule au milieu des ruines inhabitées d'une ville détruite, et sonnant à de longs intervalles les heures et les heures. Jetés lentement dans le silence et les désolations, les coups frémissants de l'airain sonore tomberaient mesurés, invariables, lugubres, sur les débris solitaires, où, brisés en mille sons bruyants, ils se répandraient, faiblissant toujours et s'éloignant en notes vagues, lointaines, mourantes, plaintes prolongées de la vie s'en allant peu à peu, comme les pas irrévocables du temps, expirer et s'éteindre dans le silence éternel de la mort.

10. La voix fatale disait : Malheur.

XV

1. En même temps j'entendis tout autour du grand trône qui est sur le dos du dragon, vers le Cornus, des cris de révolte et de grands bruits d'armes.

2. Mais ces bruits s'apaisèrent bientôt, et sur ce trône je vis apparaître debout, superbe, menaçant, féroce, un autre homme.

3. Ainsi que les pins sublimes de Sanir et les collines élevées d'Himalaya; ainsi que le cœur brûlant, implacable, inflexible du lion et les serres dévorantes du vautour; ainsi que les yeux du lynx, la langue de la vipère, les pensées du serpent, les appétits de l'hyène et du tigre; ainsi que les grincements désespérés et les passions éternelles des âmes damnées; ainsi que la puissance orageuse et la face dévastée du roi des abîmes noirs, ainsi était cet homme.

4. Il se tint debout avec sa taille de géant, avec son attitude tragique, et il dit : Que les peuples tremblent, que la terre connaisse son dominateur. Le jour, le jour du triomphe universel et dernier arrive. C'est moi qui le dis, qui le veux.

5. Oui : et si le destin était contraire, je le ferai fléchir; et si la fatalité s'opposait, je la briserai. Je suis celui qui suis..... la croix..... donnez-moi la croix : et il prit la croix, et il feignit de l'adorer, mais je vis qu'il tremblait et pâlissait.

6. Puis, d'une main impie et palpitante d'agitations sacriléges, il la leva avec violence et l'étreignit, et, la tenant renversée, il l'enchaîna.

7. Ensuite, de ce même bras fougueux, il prit toutes les chaînes qui ceignaient de cercles livides tous les pieds et

toutes les mains, et il les secoua, et il les étreignit horriblement : de dessous les ailes du dragon et de dessous son ventre, il sortit, lamentable et long, un cri universel, lent, faible, suffoqué.

8. A ce cri des douleurs, les peuples s'entre-regardèrent et frémirent ; mais dans toutes les parties de l'empire d'Aquilon il se répandit comme une nouvelle et étrange sève de vigueur, car la force de cet empire est dans les chaînes ; et une nouvelle énergie coula dans les nerfs du dragon.

9. Et après cela, d'une voix rauque et précipitée, le tyran s'écria : En avant ! Et il répéta : En avant !

10. Et Satan, le dieu du mal, était là auprès de lui, et avec lui était son esprit, et l'esprit du dragon et de l'homme du trône était l'esprit de Satan.

XVI

1. Alors sur tout le dos du dragon j'entendis descendre une flagellation immense, et son corps s'étendit de toutes parts avec une rapidité qui m'effraya.

2. Et le tyran jeta la guerre et la bouche du monstre sur tous les pays d'alentour : sur les pays d'Elam qu'il dévora, jusqu'aux rives d'un fleuve que les hommes appellent Yaxartes et que Dieu appela Géhon ; sur Javan dont il soutint les révoltes et qu'il conquit à demi, et sur les terres des fils d'Ismaël qui le repoussaient de toutes leurs forces.

3. Mais je vis que c'était surtout contre ces derniers qu'il s'acharnait et qu'il se précipitait sans cesse ; et contre eux le dragon dirigeait toujours ses langues les plus trompeuses et ses dards les plus acérés, tandis qu'il mordait avec fureur, de son pied droit, toutes les rives droites des

bouches de l'Ister, où s'étendait toujours l'extrémité méridionale de l'aile croissante ; et en même temps les têtes hideuses s'avançaient et s'allongeaient de toutes parts vers le Midi.

4. Les monts de Syrie et les fleuves d'Égypte ressentirent même les influences du dragon, et ils jetèrent des cris de révolte et de guerre qui s'avancèrent menaçants, victorieux, vers les rives d'Oronte et les vallées d'Adalia.

5. Le tyran d'Aquilon regardait s'avancer les fleuves d'Égypte et les monts de Syrie, et, plein d'une joie maligne, il feignait de leur dire : non ; mais en lui-même il disait : oui, car vous serez ma proie ; et il battait des mains.

6. Or plusieurs fois, dans la suite, je vis que l'homme battait, dans des combats répétés, les malheureux fils d'Ismaël, qui, abandonnés de tout le monde, poursuivis même par les nations aveugles, furent vaincus et soumis par lui à un joug honteux et à de fatales alliances : mais il ne put les subjuguer tout à fait.

7. Je vis enfin que partout, des bouches de Vistula, le fleuve des Suèves, aux bouches de Strymon, la noire eau du pays de Céthim, des côtes de Scandinavie aux vallons de l'Hémus et aux campagnes de Thrace antique, des îles polaires de Borée aux côtes orageuses d'Ascenez et aux ondes solitaires du lac d'Hyrcanie, dans le pays des Tartares ;

8. A droite, à gauche, en haut, en bas, durant la paix et durant la guerre, par tous les moyens et toutes les ressources, par la trahison, l'impiété, la force, la ruse, la corruption, la violence, l'hypocrisie ;

9. Tantôt arrogant, superbe, menaçant ; tantôt prudent, souple, dissimulé ; usant de promesses, d'astuce, de menaces, de force ;

10. Soir et matin, jour et nuit, du commencement jusqu'à la fin, partout et toujours et de toutes les manières,

cet homme superbe et terrible séduisait et frappait, démembrait et enchaînait tous les pays d'alentour, étendant et fortifiant sans cesse la puissance du dragon.

11. Et toujours ses appétits devenaient plus rapaces, ses projets plus ambitieux, sa superbe plus grande et plus violente, son bras plus long et plus fort.

12. Et toujours le monstre avançait de ses ailes, déchirait de ses pieds, attaquait de ses dards, empoisonnait de son haleine : et il grandissait toujours, toujours. Cependant le tyran n'était pas satisfait ; et comme ce qu'il ambitionnait surtout, c'étaient les terres du Midi, les terres de la myrrhe et de l'encens qui s'étendent vers l'Egypte et l'Arabie ; comme c'était d'abord et surtout Istamboul, la cité royale, qu'il voulait à toute force ravir et posséder, et qu'il rencontrait néanmoins, opposés à cela, des obstacles qu'il ne pouvait vaincre, pas même par l'hypocrisie religieuse et les serments répétés qu'il faisait sur la croix,

13. Impatienté, imprudent, aveugle, il resserra fortement toutes les chaînes, précipita avec furie le dragon en avant, et dit : Qui m'arrêtera ? Allons. La proie sera bientôt entre mes mains.

14. Mais il ne devait pas en être ainsi, car le Seigneur me dit : Vois-tu l'homme dominateur ? Et je répondis : Je le vois ; et la voix repartit : C'est bien :

15. Il a broyé le front de ses esclaves ; il a trompé la terre ; il s'est joué de toutes les choses saintes : et maintenant il va allumer une guerre formidable et exciter contre lui deux nations puissantes sur les terres et dans les eaux du soleil couchant.

16. Mais avant que l'œuvre s'accomplisse il tombera mort dans les enfers ; et toutes les voix des femmes, des enfants et des vieillards maudiront sa mémoire et son nom.

17. Non, ce n'est pas à son gosier qu'est réservée la

septième coupe du vin qui est déjà sous le pressoir. C'est, trop tôt : il mourra, et après lui il y en aura un autre, et celui-là ne boira pas non plus le dernier vin, car il ne sera pas, lui non plus, le dernier.

18. Cependant le jour arrivera sans manquer, le jour qui est en marche et qui vient, grand et très-amer.

XVII

1. Mais en ce temps-là, moi, Zacharie prophète, j'ai vu accourir de nouveau le pasteur de Turkomanie qui se dit l'ange tutélaire de l'empire d'Aquilon, mais qui ne l'est pas.

2. Car il est la main qui garde la chaine des maux de l'empire superbe et dont le soin est d'ajouter sans cesse à cette chaîne de nouveaux anneaux ; et il est le noir esprit de la fatalité qui est assise et qui règne sur l'orgueilleuse puissance qu'elle emporte à travers des précipices vers les abîmes, faisant suivre — récompense effroyable de la justice vivante ! — les crimes par des crimes ; faisant succéder au désordre les désordres, et les horreurs aux horreurs jusqu'à l'heure funèbre des consommations.

3. Il règle la main de ce destin inexorable, en suivant lui-même le chemin qu'il ne peut éviter, et vengeant le mal par le mal.

4. Et en cela consiste le patronage tutélaire de cet être sans nom, ennemi du bien et ennemi du mal, noir génie de mort, qui se peut appeler le génie de l'iniquité dans ses fruits, c'est-à-dire la fatalité de la punition : car, pour ceux qui ont des yeux et qui veulent voir, la fatalité du malheur n'est que le fruit plus ou moins tardif, plus ou moins visible de l'iniquité.

5. Or, né après le mal d'Aquilon qu'il gouverne par le

mal, l'esprit de la fatalité ne doit périr qu'après l'iniquité fruit de toutes les iniquités, et après la punition fruit de tous les maux et terme de toutes les expiations.

6. Le pasteur de Karizm, habitant de la caverne sombre, accourait; et il vint vers le tyran d'Aquilon, et il dit : César, hâte-toi : il te faut la possession exclusive de toutes les choses saintes de la cité des douleurs.

7. Va, cours, empare-toi des portes de Sion, des enceintes de ses temples, des pierres de ses autels; cours aussi à Istamboul, la ville profanée, et menace le fils de Mahomet le faux, s'il résiste à tes ordres.

8. César, que tes ministres principaux soient les langues du dragon; que tes armes soient les sept enveloppes, et surtout la septième et la sixième avec leurs noms, et encore la seconde avec son nom, qui est protection, et qui doit être aussi prétexte.

9. Hâte-toi, ô César; et en disant ainsi, le faux prophète disparut en murmurant entre ses dents : Il arrivera le jour terrible du dragon qui sera un jour de justice et de colère.

10. J'entendis alors à Jérusalem la sainte des paroles sacrilèges, et des bruits de combat, et des lamentations douloureuses; mais les dards du dragon qui sont sous les langues perfides, enveloppés sept fois d'orgueil et d'hypocrisie, ne purent réussir à faire des blessures mortelles, car on reconnut le véritable nom de la septième enveloppe, et de la sixième, et de la seconde.

11. Après cela j'entendis à Istamboul la profanée d'arrogantes et audacieuses menaces, qui étaient les menaces d'un ministre du dragon et de l'homme orgueilleux du grand trône contre le fils de Mahomet le faux.

12. Et comme celui-ci résistait au ministre menaçant, l'homme terrible de la tyrannie se leva, courroucé et formidable, et répéta de sa voix rauque et précipitée : J'irai en avant.

13. Mais il ne devait pas aller, car je vis des choses grandes et mémorables.

XVIII

1. La colère du Seigneur ne devait pas être éternelle contre le Lion. Le temps de l'expiation était fini, et un rejeton était sorti de la tige glorieuse.

2. L'Esprit beau et majestueux, le génie de la gloire, avait quitté ses crêpes lugubres ; il avait repris ses lauriers, et son front était ceint de rayons nouveaux ; l'aigle de la Sequana avait recommencé ses vols sublimes, et le Lion de Chibtim, qu'on dira le troisième lion, mais qui ne sera que le second, remplissait déjà le monde de son nom et de sa majesté.

3. Et je vis qu'il était élevé sur un trône beau et glorieux, le trône antique de la piété et des infortunes à jamais mémorables ; et le Seigneur Dieu lui avait donné ce trône, selon son temps, et lui-même il l'y avait placé, et il l'avait oint par des prodiges.

4. Et le Seigneur lui avait donné la force et il lui avait donné le droit : car la force vient du Seigneur, et le droit vient du Seigneur ;

5. Et le premier droit est la bonne volonté, source de la paix ; et le second droit est le génie, qui vient directement du ciel.

6. Or je vis que le second Lion possédait le génie qui descend directement du ciel, et qui est le véritable droit divin, parce qu'il est le premier-né de l'esprit de Dieu ; et il possédait la bonne volonté qui est la véritable sanction du droit parce qu'elle est la bien-aimée du Seigneur et l'œil de son cœur. Voilà pourquoi Adonaï le maître avait donné ce

trône au deuxième Lion, fils et héritier du premier Lion.

7. Qui peut dire l'éclat dont je vis briller l'élu du Seigneur, l'éclat puissant et sacré qui couronnait son front et qui couronnait toute sa personne? La gloire du Liban lui avait été prodiguée, et la beauté de Carmel, et la beauté de Saron.

8. Noble en son aspect et en ses manières, puissant et formidable en sa force, magnanime et pieux en son cœur, hardi, rapide, sublime en ses conceptions et en ses œuvres, il méritait le nom de sauveur des peuples qu'on lui donnait et qu'il justifiait tous les jours de plus en plus.

9. Car, sauveur des peuples, il le sera, et il le sera à double titre : puisque s'il devra d'abord les sauver d'eux-mêmes et de leurs mains suicides, il devra ensuite les sauver aussi de la gueule dévorante du dragon, vers laquelle ils seront inévitablement entraînés, et entre laquelle ils passeraient sans doute en ce temps-là, s'il ne paraissait pas, lui, à l'heure terrible et solennelle des dangers, avec son esprit qui sera l'esprit du Seigneur, et avec sa force et sa sagesse qui seront la force et la sagesse du Seigneur, afin de conjurer ces périls suprêmes, et d'arrêter les effroyables mouvements qui menaceront d'emporter le monde en ces jours.

10. Quand donc l'homme orgueilleux d'Aquilon dit avec impatience : J'irai, le Lion répondit : Tu n'avanceras pas. Et il appela à lui les Rois aveugles et les Princes séduits; mais ils ne répondirent pas tous à son appel.

11. Car tous avaient des yeux, mais tous ne voyaient pas; et ceux qui voyaient étaient timides et rusés : ils louvoyaient et voulaient attendre, car l'heure où ils devaient connaître le dragon tel qu'il est, et où ils devaient venir contre lui avec des armes saintes et avec la sagesse et le courage, n'était pas encore arrivée.

12. Voilà pourquoi ils restaient dans le silence et l'inac-

tion, et ils ne répondaient pas à l'appel de celui qui les avait appelés, le Lion magnanime.

13. Mais celui-ci se sacrifia pour tous : il appela à lui le léopard d'Albion la fière, qui vint et qui le suivit : et je vis l'aigle de Gaule et le léopard d'Albion déployer leur course et s'avancer, éclatants dans leur appareil, formidables en leur force.

14. Quand ils furent près du dragon, le monstre frémit et recula, et le tyran qui était sur son dos, frémit, trembla, et il tomba de dessus son trône, et il mourut.

15. Mais un autre homme remplaça l'homme mort : il était à peu près ce qu'avaient été les deux autres : superbe, cruel, despote. Seulement il invoquait plus souvent les noms de Dieu et des saints, quoique, entre ses mains, la croix ne fût que plus étroitement emprisonnée et plus esclave.

16. De dessus son trône sublime il se leva, tenant une lance, plusieurs chaînes et une large couronne ; de sa tête imposante et terrible il domina les espaces ; lui et sa lance parurent plus grands ; sur son front les deux aigles embrassés s'animèrent : de leurs yeux il sortit d'ardentes étincelles, et ils dirent : Allons.

17. Et l'homme cria : Allons ; l'heure de l'aigle et du léopard est arrivée, l'heure de leur ruine, et notre jour à nous, le grand jour des triomphes est arrivé.

18. Puis il poussa fièrement le dragon qui semblait ne pas vouloir avancer : tout le sénat applaudit, tous les esclaves battirent des mains.

19. Et la terre trembla, et elle resta dans l'attente.

XIX

1. Mais voici la grande vision que je vis alors. Satan,

l'esprit superbe et menteur, le dieu du mal, se montra à découvert. Il vint. Il prit toutes les enseignes de guerre d'Aquilon ; il les dressa fières et redoutables, et il cria : En avant.

2. En même temps il s'élança contre l'aigle de la Sequana et le léopard d'Albion : la terre fut épouvantée et le ciel se troubla ; en passant, l'audacieux archange voulut même emporter avec lui l'étendard sacré, et il le toucha, et je fus effrayé.

3. Mais au même instant je vis accourir un esprit sublime des cieux, Michel, l'un des premiers princes, l'éternel guerrier du grand Dieu des batailles et le grand chef des milices célestes.

4. Il descendait des sommités du Gargan, ceint d'un nuage d'or, entouré d'un splendide et formidable appareil.

5. Je le vis venir. Il tenait dans ses mains l'arme lumineuse et éternellement embrasée de la colère divine, l'arme qui roule comme un éternel ouragan autour des roues du chariot qui veille au pied du trône de Jéhovah, et d'où s'échappent sans cesse de grandes voix et des étincelles brûlantes et des gouttes du vin de la fureur.

6. La substance de cette armée vivante se compose de l'essence de tout ce que nous concevons ici-bas de terrible, d'effrayant, divinement trempée par la main de Dieu dans les usines éternelles.

7. A l'approche de l'Archange des victoires, Satan disparut ; et je vis qu'il s'enfuit vers les régions du septentrion. Mais Michel le poursuivit, m'emportant avec lui ; et nous remontâmes l'empire d'Aquilon jusqu'aux îles glacées de l'océan des Sarmates.

8. De là, traversant les côtes stériles et les terres froides de Norland, et courant toujours vers les cercles du pôle à travers toutes les eaux d'Enara, nous allâmes nous arrêter

sur le dernier promontoire de Borée, en face de la mer immobile qui s'agita.

9. Là Michel me dit : Un jour ces flots seront remplis de navires de guerre ; et sur les arbres de ces navires conduits par le feu et les vents seront assises les ailes de la victoire ; un jour aussi, sur ce cap des orages ceint de frimas et de ténèbres, s'élèvera l'étendard de l'immortelle cité, signe des triomphes saints.

10. Et en disant ces mots le ministre de Jéhovah reprit son vol au milieu du nuage d'or, pareil à un de ces astres lumineux qui promènent dans les profondeurs du firmament leurs orbites vagabondes ; et, traversant d'un bond l'Océan immobile, il me transporta dans l'île dont les entrailles sont de feu et le contour de glace.

11. Il alla se poser sur la cime d'un mont qu'agitent des révolutions perpétuelles, et dans l'intérieur duquel on entend des bruits confus, profonds, semblables aux bruits des mers révoltées ou à l'aile des chariots de bataille. Mais, sous le pied de l'ange, les révolutions souterraines s'apaisèrent, ainsi que la bouche de l'enfant indocile qui se suspend aux mamelles de son lait, entre le sein maternel.

12. Alors Michel me dit : Homme des visions, vois-tu cette île ? Et je répondis : Je la vois, et ce que je vois en elle est semblable aux anneaux colorés qui entourent la lune pendant le mois de Tisri aux pays de la terre verte : c'est une lumière qui se lève sur des ténèbres droites ; et elle s'avance, et je la vois qui entre dans la bouche des petits enfants et qui en sort ; et dès qu'elle en est sortie, c'est alors qu'elle éclaire et qu'elle échauffe.

13. Tu as vu, homme des visions ; mais écoute : entends-tu le frémissement interne et le travail douloureux qui tourmente les entrailles de cette terre ? Et je dis : Je l'entends ; et il dit : c'est le travail d'un grand enfantement, car le jour vient où cette terre enfantera.

14. Mais en ce moment je compris que le Seigneur était encore là, près de moi et de Michel son premier ministre : car sa voix se fit entendre et elle me dit : Prophète, lève-toi ; prends le livre du voyant et la plume d'or, et écris.

15. Ecris à l'île où se lève la lumière parmi les ténèbres qui deviennent droites, et écris aux peuples qui se disent réformés : Ouvrez les yeux et recevez la lumière, car il en est temps ; ouvrez la bouche de tous vos enfants, afin que la lumière y entre et qu'elle y demeure, car c'est là le remède à vos maux. Si vous ne faites pas cela, je vous le dis, votre heure arrive.

16. Et je me levai, et je pris la plume d'or qui avait la base composée de quatre métaux fondus ensemble, avec la couleur de l'acier quand il sort de la forge. Mais lorsque je voulus écrire les paroles du Seigneur, je sentis l'extrémité de mes doigts se refroidir et se glacer, tandis que toute la plante de mes pieds se réchauffa d'une chaleur vive : et ma poitrine ne pouvait ni recueillir ni renvoyer aucun souffle de respiration.

17. Alors je levai les yeux et je vis : Satan était là près de moi.

18. Michel empoigna l'instrument de la vengeance divine, l'arme dévorante du ciel ; Satan tint le foudre brûlant des enfers. Il y eut un choc épouvantable qui ébranla les colonnes du firmament et fit trembler l'immensité des cieux.

19. L'Hécla chancela sur ses bases ; ses flancs se dilatèrent ; ses fleuves souterrains coururent plus rapides dans leurs lits brûlants, murmurèrent plus sourds au fond des gouffres dévastés,

20. Tandis que, tourmenté profondément dans ses abîmes, le bassin des mers boréales se souleva en brisant ses glaciers éternels : l'Océan se déversa sur toutes ses rives avec des tumultes désordonnés, et il vint, impétueux et so-

nore, avec ses écumes frémissantes, amassant les flots sur les flots, se rejeter sur les terres qu'il allait engloutir. Mais le doigt de Dieu était là qui arrêta les océans sur le sable des grèves épouvantées.

21. Alors Michel frappa Satan, et il jeta un cri victorieux contre lui, et il dit : Que Dieu te confonde. La terre applaudit à sa voix, et le ciel y répondit par de lointains éclats et par une tempête multipliée de charbons ardents.

22. Et au delà de tout ce que les yeux d'un mortel peuvent voir, au fond des espaces créés, dans des lieux où habite la nuit de toujours mais dont la langue ne sait pas parler, je vis le chaos s'ouvrir et ses abîmes apparaître, et je vis Satan rouler, et descendre, et se perdre dans les profondeurs éternelles et sombres.

23. Et en même temps je vis un ange qui ferma ces abîmes avec sept clefs ; et je le vis revenir débrouillant les ombres qui entouraient ces lieux, et emportant les clefs des portes du chaos.

24. Alors le Seigneur me dit deux paroles, car il dit : Ecris à l'Occident : Victoire ; écris à l'empire d'Aquilon : Malheur.

25. Et après que j'eus écrit ces deux paroles, Michel l'Archange me ramena au milieu du nuage d'or vers l'empire superbe d'Aquilon et vers le dragon monstrueux qui en est l'image.

XX

1. En attendant, l'aigle et le léopard étaient venus avec beaucoup de force et de résolution et de sagesse et de justice ; et ils étaient arrivés ; et je vis qu'ils avaient attaqué avec une grande impétuosité la tête du dragon, lorsque la voix du Seigneur se fit entendre à Zacharie et lui dit :

2. Fils de Loammi, qui veut dire non mon peuple, écoute : voici ce que je te dis, moi le Seigneur Dieu : Prends une balance qui soit la balance vivante de la justice, et qui porte écrit sur elle le nombre 666 ; mets dans l'un des plateaux l'homme du grand trône d'Aquilon et sa lance et sa couronne et ses chaînes, et mets-y encore tout le dragon ; dans l'autre plateau mets les iniquités de l'homme et celles du dragon, puis lève la balance.

3. Et je fis cela ; et je levai la balance, car le Seigneur Dieu m'avait communiqué sa force, et je vis que le plateau où se trouvaient les iniquités était plus léger et qu'il monta en l'air : et le poids des iniquités était 664, et celui de l'homme et du dragon était 665.

4. Alors le Seigneur dit : Ce n'est pas encore l'heure. Il dit aussi : Fils des hommes, prends une mesure qui porte le nombre 666, et qui soit de la longueur de deux zéreths, et mesure la lance de l'homme, de la pointe au pommeau, ainsi que la couronne et les chaînes que l'homme tient entre les mains.

5. Prends encore une autre mesure, qui porte aussi le nombre 666, et qui soit grande comme le chemin qu'un juif peut faire pendant trois jours de sabbat, et mesure avec elle tout le dragon, en longueur, en largeur et en profondeur, et ce qui est sur son dos, et ce qui est sur sa tête.

6. Et je fis tout cela : et je mesurai la lance, de la pointe au pommeau, ainsi que la couronne et les chaînes, avec la mesure de deux zéreths qui est celle d'une coudée ; et je mesurai tout le dragon avec la mesure grande comme le chemin qu'un juif peut faire pendant trois jours de sabbat, et qui est celle de quinze stades plus la quinzième partie d'une stade : et l'une et l'autre mesure portaient écrit le nombre 666.

7. Or je trouvai que le nombre des mesures de la lance, de la couronne et des chaînes, était proportionné au poids

de l'homme et non pas à celui de ses iniquités, et que le nombre de toutes les mesures du dragon était aussi proportionné au chiffre de son poids et non pas à celui de ses iniquités.

8. Mais je vis que ni la longueur de la lance, ni le contour de la couronne et des chaînes, ni l'étendue du dragon, ni aucune des choses qui étaient sur son dos et sur sa tête, et qui étaient des mystères qui ne se montraient pas encore dans leur véritable forme, ne se trouvaient en rapport avec le nombre 666 que portaient écrit les mesures du Seigneur ; et les iniquités ne s'accordaient pas non plus avec ce nombre qui était un nombre mystérieux.

9. Alors sur l'homme et sur le dragon je vis ce que je n'avais pas encore vu : sur le front de l'homme et sur ses mains je vis écrit le nombre 664, et sur toutes les autres parties de son corps, le nombre 665 ; et dans tout le cercle noir du dragon et sur toutes ses langues faites comme des queues de serpent je vis écrit le nombre 664, et sur toutes les autres parties de son corps, le nombre 665 : de sorte que le nombre qui marquait les iniquités était partout plus petit que celui qui signifiait la grandeur et les conquêtes et les développements, soit de l'homme soit du dragon : mais ni l'un ni l'autre n'égalait le nombre mystérieux qui était le nombre voulu.

10. Je vis encore un autre prodige sur la tête du dragon, car je remarquai qu'il se trouvait dans le dessous des ouvertures caverneuses qui ressemblaient à des bouches : et ces bouches étaient renfermées chacune dans une tête, et il y avait autant de têtes que de bouches.

11. Mais sur le dessus de la tête, je vis comme des cornes qui n'étaient pas encore tout à fait développées : et sur les têtes où étaient renfermées les bouches il y avait des noms de blasphème qui n'étaient pas écrits en entier, et sur les cornes il y avait comme des diadèmes qui n'é-

taient pas tous parfaitement achevés ni définitivement assis.

12. Or les têtes et les noms de blasphème, et les diadèmes et les cornes avaient des relations d'identité avec le système des trônes, qui est le système de la tyrannie et le règne de l'iniquité, mais qui ne s'était pas encore produit dans sa forme véritable ni révélé dans ses réalités effrayantes ;

13. Et ils avaient aussi des relations avec les chiffres de l'homme et du dragon qui n'égalaient pas encore le nombre mystérieux que portaient écrit sur elles la balance et les mesures du Seigneur.

14. Mais les têtes et les bouches et les noms de blasphème étaient plus en rapport avec le poids des iniquités, et les cornes avec les diadèmes étaient plus proportionnées au poids de l'homme et du dragon.

15. Je remarquai ensuite une chose affligeante, car je remarquai que le signe sacré de la croix était sacrilégement placé autour des têtes et des bouches, et autour des cornes et des diadèmes.

16. Et après que j'eus vu toutes ces choses : Compte, me dit le Seigneur Dieu, compte les têtes du dragon, et compte les diadèmes qui sont sur les cornes.

17. Et je me mis à compter : et je comptai six têtes, et je comptai neuf diadèmes ; et je vis que les six têtes et les neuf diadèmes étaient en rapport avec le système de la tyrannie et le règne de l'iniquité que je ne voyais pas encore dans toutes leurs dispositions, car ils n'étaient pas tout à fait formés, et ils étaient sur le dos du dragon, et ils n'étaient pas à leur place.

18. Or, comme je ne comprenais pas tous ces signes, j'étais dans le silence et l'étonnement, lorsque le Seigneur répéta : Ce n'est pas l'heure ; aucune chose n'est à son complément et les iniquités sont encore dans la voie :

19. Le compte de l'homme et du dragon n'est pas com-

plet, et le compte des têtes et des diadèmes n'est pas complet : car le compte des têtes et des blasphèmes doit être fait, et le compte des cornes et des diadèmes doit être fait ; et tout ce compte doit être fait avec celui des triangles et des cercles qui sont sur le dos du dragon et qui ne sont pas à leur place : et il doit être sept et il doit être dix ;

20. Et le compte de tout l'homme et de tout le dragon, et celui de tous les poids et de toutes les mesures, doit être fait aussi ; et il doit être fait avec le compte de toutes les choses qui forment le système de la tyrannie et le règne de l'iniquité : et le nombre universel et total doit être 666, qui est le nombre voulu.

21. Qui peut comprendre comprenne le mystère du nombre qui est le nombre voulu.

22. Non, ce n'est pas encore l'heure. Les iniquités ne sont pas à leur point, et les conquêtes ne sont pas à leur point. Celui qui doit mourir mourra avant que vienne le grand jour.

23. Et quand le jour funèbre qui vient arrivera, les comptes seront justes, le nombre universel et total sera complet : et il sera sept, et il sera dix, et il sera six cent soixante-six.

24. Qui peut comprendre comprenne le mystère des comptes justes et des nombres complets.

XXI

1. Choses qui arriveront en ce temps-là.

2. Bouche de Zacharie prophète, fils d'Israël l'homme fort contre Dieu dans les combats de la nuit, parle : ne crains pas ; que tes lèvres se meuvent et ne se reposent pas, et que ta parole soit comme une épée à deux tranchants.

3. Voici que j'entendis cette parole : Zacharie, prends une verge de fer et va dans le champ d'un potier.

4. J'allai, et dans le champ du potier je vis un grand nombre de vases. Or les vases tenaient différentes places et avaient différentes couleurs ainsi que différents modes d'être : et les uns étaient plus beaux et plus riches, plus forts et plus solidement assis, et les autres l'étaient moins ; et les uns étaient plus cuits par le feu, et les autres l'étaient moins ; et quelques-uns étaient là depuis longtemps, et d'autres n'y étaient que depuis peu : mais tous les vases étaient de terre.

5. Alors le Seigneur me dit : Frappe les vases avec force et indistinctement.

6. J'entrai dans le champ du potier comme un guerrier qui se précipite sur les rangs ennemis ; je frappai avec violence ; les vases résonnèrent bruyamment et longtemps sous la verge de fer qui les éprouvait.

7. Ayant fini, je regardai, et je vis la terre couverte des débris des vases : or les débris ne pouvaient se distinguer des débris, car les vases avaient été tous réduits en poussière, et tous étaient redevenus ce qu'ils avaient été, de la terre vile.

8. Cependant quelques vases avaient résisté à la fureur de la verge ; et ceux-là, je vis qu'ils étaient intacts, et ils étaient devenus plus forts et plus beaux : et ils étaient çà et là debout, mais en très-petit nombre.

9. Zacharie, ne crains pas, parle. Peuples, écoutez ; C'est ainsi que je vais visiter les peuples et leurs maîtres : je leur ai donné des leçons et des exemples, et ils n'en ont point profité ; je leur en donnerai encore, et ils n'en profiteront pas : aveugles dans leurs pensées, leurs rêves, leur indifférence, ils me forceront à venir contre eux ; c'est pourquoi je les visiterai en leur temps : voilà ce que dit le Seigneur Dieu.

10. Mais en ce moment-là je vis sur toute la terre et surtout dans les lieux où le soleil se couche des choses qui m'épouvantèrent.

11. Un nombre infini d'esprits ténébreux étaient déchaînés sur le monde, et ils le sapaient.

12. Tremblez, ô nations : en ce temps-là les esprits ténébreux seront en votre sein comme le travail de la mort.

13. Tremblez et ne vous rassurez pas, car quand vous vous endormirez dans votre sommeil, les esprits noirs veilleront ; et vous les croirez loin, et ils seront près, et ils seront avec vous, parce qu'ils sont votre œuvre.

14. Mais surtout hâtez-vous de revenir sincèrement au Seigneur. Vous dites bien le Seigneur, le Seigneur ; mais le Seigneur n'est pas votre Dieu, car vous l'éloignez de plus en plus de votre sein où sont les esprits des ténèbres. Terres des nations, sachez une chose : sachez que ce ne sera pas en un seul point que les noires Puissances de l'abîme engageront la lutte : batteries et machines de guerre, elles en dresseront partout ; ce ne sera pas un seul jour et une seule fois qu'elles commenceront et recommenceront, mais toujours et sans cesse jusqu'à leur heure.

15. Voici qu'en ce temps-là, moi Zacharie, j'entendis des cris et des tumultes affreux : les nations étaient comme un homme pâle qui se trouve devant un effroyable danger qu'il a eu le temps de voir et de mesurer ; et toute la terre était fortement secouée ; et les hommes cherchaient le salut dans leurs mains, et il n'y avait point de salut.

16. Mais alors je vis une vision sublime : les cieux s'ouvrirent à ma vue ; les tabernacles éternels se dévoilèrent ; des profondeurs de la vie la Divinité m'apparut, et je vis Jéhovah le Dieu.

17. Je vis en même temps, au-devant de Jéhovah, une Femme qui avait sous ses pieds des cercles d'étoiles et au-dessus de sa tête une couronne de soleils.

18. Or, la fureur du Dieu était allumée ; mais la Femme était au-devant de lui et l'arrêtait : et il disait : Oui, et elle disait : Non. Et ils combattaient ensemble comme deux guerriers.

19. La Femme était comme un avocat qui défend une cause et qui montre des preuves, car je vis qu'elle montrait son sein et elle disait : Non. Puis, se tournant du côté de la terre, elle regardait la terre de tous les côtés, et elle disait : Voyez, c'est mon siècle, je ne veux pas qu'il périsse.

20. Mais voici que la Femme qui était l'avocate de son siècle et qui le défendait en luttant comme un guerrier armé, avec les preuves de la puissance et avec celles de la justice, arrêtait son regard sur la Cité éternelle : le ciel et la terre étaient suspendus dans l'attente.

21. Tout à coup une parole tomba du Capitole sacré de la Cité éternelle et se répandit rapidement sur le monde.

22. A cette parole la terre et les cieux tressaillirent ; les dômes divins se couronnèrent de splendeurs plus vives ; les soleils qui servaient de manteau et de diadème à la Femme céleste, jetèrent des éclats inusités ; autour d'elles se pressèrent les multitudes des anges ; au sein d'Abraham les saintes tribus exultèrent, et sur la harpe des prophètes qui autrefois, en Sion, avaient chanté aux filles de Juda les parfums de la fleur de Jessé, David, pris d'un délire divin, entonna l'alleluia de Jacob, que dirent et redirent les hauteurs de l'éternité.

23. Mais aux profondeurs des gouffres éternels que parcouraient de livides clartés, les pleurs et les grincements de dents redoublèrent, tandis que, sur la terre, les esprits de ténèbres s'agitaient éperdus, dans les vertiges d'une nuit plus profonde qui les entourait : et ils étaient vaincus, mais ils ne se retiraient pas.

24. Alors la fureur de Dieu fut apaisée pour un temps ;

et ce fut la Femme qui l'apaisa, et ce fut la parole qui était tombée du Capitole sacré et qui parlait de la Femme.

25. Et ce sera par la Femme et par la parole que le monde sera sauvé à cette époque-là : mais les hommes seront aveugles et insensés : et les impies se moqueront de cela, et les justes eux-mêmes ne le comprendront pas assez.

26. Voilà pourquoi le salut ne sera que pour un temps, et ensuite... malheur au monde.

XXII

1. Mais que voient les yeux du voyant dans les jours qui suivent ces jours?

2. Quoi ! au lieu d'apaiser le Seigneur, au moment même où il vous a sauvés, vous allumez de nouveau sa colère? Vous lui déclarez la guerre tout de suite après qu'il a rendu le repos à vos corps fatigués par le travail de la lutte?

3. Quoi ! vous voulez toucher au fondement de l'édifice? et vous dites que vous allez le consolider ! Pourquoi rêvez-vous ces rêves de votre propre sagesse? Pourquoi ces folles pensées et ces vaines inventions? Quelle est cette Babel que veulent élever vos mains débiles avec du sable posé sur du sable?

4. Les leçons du passé ne vous ont servi de rien, et au milieu de la lumière vous êtes restés aveugles. Mais quel délire est le vôtre ! Seigneur, ils veulent donc se mesurer avec vous ! Levez-vous, Seigneur ! Cieux et terre, étonnez-vous !

5. Or, Jéhovah ceignait ses reins, et les foudres vivants s'allumaient dans les arsenaux éternels.

6. Avocate des cieux, avez-vous changé votre nom? Avez-vous perdu votre pouvoir?

7. Et je vis que l'Avocate des cieux était encore en ce temps-là au-devant de Jéhovah le Dieu, et elle combattait contre lui, et elle arrêtait les foudres vivants qui s'allumaient déjà dans les arsenaux éternels, et elle sauvait son siècle jusqu'à la fin.

8. Mais à la fin les iniquités de toute la terre débordaient : la fureur divine s'était accumulée comme la force des flammes dans les fourneaux ardents, et la Femme des cieux n'avait plus le pouvoir de retenir la main puissamment impétueuse de Dieu.

9. Tous les esprits des ténèbres remplissaient le monde en cette heure terrible qui arrivera. Les hommes étaient prêts et Dieu était prêt : c'étaient comme deux ennemis qui se mesurent et qui vont lutter corps à corps....

10. Quelles sont ces ténébreuses secousses qui ébranlent la terre? Nations, pourquoi ces frémissements au milieu de vos méditations obscures?....

11. D'où viennent ces cris et ces tumultes? Pourquoi ces agitations de fièvre et de frayeur? ces chocs universels? Mais ces mains impies... quel est ce drapeau traîné dans le sang... où mène-t-on ce vieillard?...

12. Que vois-tu, Zacharie, autour de la Ville éternelle? Oui, c'est en ses enceintes que s'engage la lutte et que s'échauffe la mêlée : partout ailleurs ce ne sont qu'escarmouches en comparaison de la bataille suprême qui se livre en ces lieux ;

13. Tous les esprits de ténèbres combattent autour de la pierre angulaire. Là le sort de l'humanité se décidera ; là se joueront les destinées du monde, la vie ou la mort... Sera-t-elle ébranlée la pierre éternelle? L'enfer prévaudra-t-il?...

14. Pierre, fils de Céphas, ne crains pas : je viendrai à ton secours, et tu verras ce que fait le Seigneur quand il vient dans sa fureur. Les peuples sans piété, je les plonge-

rai dans des désastres inouïs ; je dévorerai les hommes perfides, et je briserai les princes sans sagesse.

15. Je viendrai contre les rois, et je les jetterai comme une boule enflammée qui va crever dans le camp ennemi.

16. Je le jure, dit le Seigneur Dieu, je me vengerai de mes ennemis, parce qu'ils m'ont outragé longtemps, et que j'ai attendu en vain.

17. Iles de Calédonie, pleurez en ce temps-là ! Fils d'Eblana, les javelots sacrés qui sont entre vos mains, je les bénis en votre jour ; malheureuse Albion, tu espérais à ton aveuglement obstiné et à ta longue persévérance dans le mal une éternelle indulgence :

18. Tu aurais dû trembler que l'heure inévitable ne vînt plus vite sur toi afin de te dessiller les yeux ou pour t'aveugler à jamais, et tu as continué à provoquer l'ire vengeresse du ciel ? Et voici que tu attaques le Seigneur ?... Te voici maintenant sous le pressoir. Heureuse s'il restera en toi quelque chose de vivant.

19. Pleurez, ô monts, à Calmar ! Voies d'Upsalia, soyez dans la désolation ! Quels sont ces cris et ces gémissements qui viennent des côtes de Baltia et de Skanie ? Rives de Viadrus, eaux de l'Elbe et de la Vistule, qui vous a toutes troublées ? Quand la tempête s'apaisera-t-elle au milieu de vos eaux ?

20. Nations qui vous dites fidèles, où vous a menées votre sagesse ? Votre tolérance que vous dites prudence et justice, et que vous appelez vertu, mais qui se nomme indifférence et lâcheté, est crime et folie, et elle sera longtemps chez vous vice et maladie de mort. Il y a une gangrène dont sont pleins tous vos os : la gangrène, sera-ce la mort, ou bien de la moelle de vos os, sera-t-elle arrachée par des tribulations puissantes ?

21. Italie, Italie, toi qui te sauvera ? Qui pourra te guérir ?

22. C'est pourtant en ton sein que j'avais placé la vie et

l'avenir. A toi j'avais donné toutes les grâces de mes mains et toutes les tendresses de mon cœur ; à toi j'avais remis l'anneau de la fiancée, gage de mes faiblesses d'amour. Mais, ô fille de prostitution, Israël prévaricateur, tu as répudié ton Dieu. O Italie, qui te sauvera ? Qui pourra te guérir ?...

23. Les filles de la prévarication passeront trois fois par les feux de la purification, dit le Seigneur Dieu.

24. Et toi, ô ma fiancée, toute purifiée et rajeunie par l'épreuve, tu sortiras et plus forte et plus belle des feux. Mais de tes ennemis il n'en sera pas ainsi : vaincus et humiliés, ils baiseront la trace de tes pieds, et après cela ce ne sera pas encore assez :

25. Car, après les avoir frappés, je les frapperai encore ; et ma fureur les poursuivra, et mon épée se jettera plusieurs fois sur eux, jusqu'à ce que soit brûlée la dernière goutte de leur sang, parce qu'ils m'ont provoqué trop longtemps, et que j'ai attendu en vain, dit le Seigneur Dieu.

26. Pierre, fils de Céphas, ne crains pas : lève ton étendard et marche : la victoire et l'éternité te sont données.

XXIII

1. Or les drapeaux de Gaule et de Bretagne étaient levés. Guerre à outrance se faisait entre les ennemis. L'aigle et le léopard combattaient vaillamment contre le dragon, et ils appelaient à eux les chefs et les guerriers des autres peuples qui sont près de l'aile droite du monstre.

2. Mais ceux-ci restaient dans un repos insensé. Et parmi eux, les uns étaient aveugles et de mauvaise volonté ; et d'autres voyaient et avaient même une certaine bonne volonté, mais ils étaient tous séduits par la peur et par leur

propre sagesse : et ils restaient dans le repos, attendant la fin de la lutte pour se décider.

3. Cependant ces peuples sont les plus proches de l'aile droite qui marche et qui marchera, jusqu'à son heure.

4. Néanmoins les guerriers du Lion et du Léopard ne se décourageaient pas ; et ils étaient secourus par les guerriers d'un petit peuple qui avait des vues intéressées pour cela, et qui nourrissait des espérances : et tous combattaient contre le dragon, ensemble avec les fils de Mahomet, dont l'étendard est une demi-lune, et qui combattaient aussi.

5. Mais le Lion était toujours le chef principal de la guerre, et le Léopard était aussi le chef.

6. Or l'homme superbe de la lance et des chaînes reprochait avec des paroles hypocrites et un sourire forcé au Lion et au Léopard de combattre contre l'étendard saint et en faveur de la demi-lune ; mais ceux-ci ne faisaient aucune attention aux reproches insinuants de la perfidie.

7. Et ils poussaient avec énergie leurs drapeaux glorieux, leurs glaives impatients, leur courage irrité, contre le monstre qui reculait.

8. Et je vis leurs navires flotter par toutes les eaux, depuis les mers du Midi jusqu'aux sinuosités de Codanus et aux espaces illimités de l'Océan Paresseux,

9. Tandis que leurs épées brillaient, avides, brûlantes, tout autour des cités les plus fortes, et leurs arcs étaient tendus sur toutes les campagnes, et leurs foudres tonnaient contre les remparts, et les tours, et toutes les forteresses imprenables.

10. Les chefs de leurs armées étaient courageux et habiles, et ils acquéraient beaucoup de gloire. Mais entre tous ces chefs je remarquai surtout un chef qui me parut digne d'admiration.

11. Je vis sa beauté noble et martiale, et son air calme au milieu des dangers, et un certain reflet de sérénité mé-

ditative qui sortait de sa figure. Mais je remarquai encore plus la douceur, la bonté de son caractère, son âme généreuse, son cœur humain et pieux parmi le sang et le carnage des combats.

12. Il agissait comme un chef habile, mais aussi et surtout comme un bon père, n'exposant jamais rien au hasard, calculant et combinant toujours ses éléments de réussite, d'une manière positive, assurée.

13. Son coup d'œil était rapide et juste, ses vues élevées, ses conceptions hardies, son génie sévère, profond, souvent sublime, et toujours revêtu de quelque chose de régulier et de bon, comme d'un cachet de vérité et de vertu; mais son action, ardente et subite quelquefois, n'était jamais précipitée : lente le plus souvent et sans cesse mesurée, elle devenait par cela même toujours certaine, inévitable.

14. Du reste, tout chez lui, son talent, ses mœurs, sa conduite, ses principes, tout était modéré, juste, bon, pieux, naturel et grand, grand par l'esprit, plus grand encore par le cœur.

15. Et comme il avait toutes les qualités d'un homme sage, éclairé, fort, toutes les vertus du guerrier, du citoyen, du chrétien, et que, réunissant à beaucoup de courage beaucoup de sagesse, il possédait déjà, dans un âge encore jeune, l'expérience et l'habileté d'un vieux capitaine, je vis que ce chef était très-utile à la cause commune de la justice, au triomphe du bien sur le mal.

16. Je vis en effet qu'au milieu des périls les plus grands, au milieu des difficultés les plus désespérantes, il conserva tout, et les forces de son armée qui lui dut son salut, et l'honneur des drapeaux, et la gloire de la patrie. Sur les champs de bataille il marcha toujours en avant parmi d'insurmontables obstacles et comme à travers une chaîne de triomphes étonnants.

17. Mais la gloire qu'il avait semée, l'homme vertueux

ne la recueillit pas : objet d'envie, fatigué par d'injustes contrariétés, lui-même, spontanément, du poste élevé où l'avaient placé son génie et ses vertus, il descendait ; bien plus, par un effort de sublime humilité, là même où il venait de commander il se mettait à servir.

18. Et cet acte fut ce qui me le fit remarquer le plus, et ce sera là ce qui le fera un héros : car sa vertu sera éprouvée en ce temps-là, mais sa vertu sera ensuite reconnue, et sa force appréciée, et son humilité récompensée de Dieu et des hommes.

19. Or, après avoir préparé toutes les voies, ce chef, l'amour et l'idole des guerriers de Gaule qu'il avait consolés et fortifiés au temps de l'épreuve, et qu'il avait plus d'une fois menés à la victoire, ne recueillit pas les derniers lauriers : je vis qu'il revint auprès du Lion recevoir une belle récompense, l'estime et l'amitié de son roi.

20. Et à ce chef je vis qu'un autre chef succéda. Or, celui-ci était lui aussi fort et glorieux, et France, le pays de la gloire, l'honora, et le Lion le récompensa.

21. En attendant, le dragon était frappé par les deux nations aidées de deux nations ; et il était blessé à la tête qui se repliait avec d'affreuses contorsions, et au pied droit de la partie supérieure, et à celui de la partie inférieure, et au confluent des deux queues ; et partout il était attaqué et vaincu et repoussé.

22. Son sang, s'enfuyant par mille blessures, remplissait les vallées et les mers ; ses membres, ministres de la tyrannie, rentraient vers le centre immobile, tandis que tout ébranlés, les trônes de son dos étaient dans la désolation et la frayeur, car ils craignaient en même temps des révolutions internes.

23. Mais celle-là ne sera pas l'heure, car l'heure des révoltes viendra pour le dragon, et elle sera terrible, mais elle

ne viendra que plus tard, et elle ne sera pas celle des dernières expiations de l'empire superbe.

24. Or, le dragon trompa ses ennemis par des promesses de paix, mais il ne voulait point de paix, et il prétextait avec une arrogante hypocrisie la justice et la sainteté de sa cause ; et l'homme de son dos ne voulait point de paix, et il prétextait son droit et son honneur, quoique la véritable cause fût sa superbe sans fond ainsi que ses menées souterraines et ses secrets espoirs.

25. Mais après cela la guerre devint plus grande et plus générale et plus terrible : toute la terre trembla de frayeur, et le dragon ne fut pas épargné cette fois.

26. Cependant, dans sa détresse, le monstre trouvait des forces destructives, et sa résistance coûtait cher aux ennemis, et son désespoir lui faisait inventer des mesures effrayantes; et il ne mourait pas, et il ne se rendait pas.

27. Et il fit la guerre durant un certain temps; et durant ce temps des cités d'Aquilon furent prises d'assaut, et ses forteresses tombèrent avec un grand retentissement, et ses navires furent frappés par les foudres et engloutis par les abîmes, et les terres et les mers furent fermées au dragon, de sorte qu'il ne put plus ni rien vendre ni rien acheter et qu'il fut réduit à la famine et au désespoir.

28. Alors l'homme superbe du grand trône pensa véritablement à la paix. Et il répondit : Je le veux bien, faisons la paix ; et le Lion et le Léopard répondirent : Faisons la paix.

29. Qu'avez-vous dit ? qu'avez-vous dit ? Non, non, votre réponse ne plaît pas au Seigneur, et votre conduite lui est désagréable. Frappez, détruisez, anéantissez : c'est la justice, c'est l'ordre, c'est la véritable paix.

30. Vous serez punis, ô aveugles, parce que vous avez été faibles. Hélas ! pouviez-vous être sages quand la foi des jours antiques, celle qui est la nourricière des peuples et

le seul appui solide des trônes, manquait encore tant à votre cœur qui ne connaît plus que la sagesse de l'homme ?

31. Les ennemis firent des contrats ; et au bas des contrats ils écrivaient tous : Oui. Et l'homme d'Aquilon écrivait : Oui, et il affectait de la franchise et de la loyauté ; et il y avait de la sincérité dans quelques-unes de ses paroles et de ses actions de ce moment-là, mais il n'y en avait pas autant qu'il semblait y en avoir, car les langues du dragon cachaient toujours les dards au fond des enveloppes, et les enveloppes portaient encore écrits sur elles les mêmes noms.

32. Après quoi le Lion et le Léopard se retiraient, et leurs drapeaux se retiraient : mais tout le monde remarquait que le drapeau de France, fille du génie, qui était l'aigle avec ses lauriers antiques, avait recueilli plus de gloire, et qu'il avait tout fait, et qu'il aurait pu accomplir l'œuvre tout seul.

33. Le dragon restait libre, et l'homme du grand trône restait libre, et les plaies du dragon qui est l'empire d'Aquilon et qui est fils de Satan le diable, commençaient à se cicatriser.

34. Or, l'homme d'Aquilon continuait à régner tous ses jours sur le dragon ; et peu à peu il reprenait ses pensées et ses projets anciens, mais il ne combattait plus, car il évitait les guerres.

35. Et il vécut son temps. Et je comptai son temps qui était composé de jours et de nuits et qui se mesurait avec des mesures de lune. Or, toutes les mesures de son temps furent 664, et après cela il mourut. Mais le jour, le grand jour marchait et il s'avançait.

36. Et je vis celui qui venait après lui, je le vis. Il succédait au poste de celui qui l'avait précédé, mais, au nom de celui qui l'avait précédé, il ne succédait pas.

37. Il tombait sur le grand trône par un orage; au milieu des orages il régnait; parmi les orages il disparaissait.

38. Des secousses fréquentes furent toujours sous ses pieds et ébranlèrent son siége, mais toujours son bras inflexible arrêta, contint, enchaîna les secousses; toujours le poids de son bras tombait vengeur, inexorable, dévorant, sur tous les esclaves; et toujours sur son siége ébranlé il se maintint.

39. Il fit davantage : il déchira tous les contrats; il soutint des guerres où il gagnait toujours quelque chose; il communiqua de nouvelles forces au dragon, et le dragon poussé s'avança et grandit encore.

40. Tout, sous la main formidable de cet homme, marchait vers le but dans un ensemble effrayant. L'ambition, l'hypocrisie furent ce qu'elles avaient toujours été, mais elles agissaient mieux combinées, plus décidées et plus redoutables.

41. Les enveloppes devinrent plus séduisantes, les dards plus aigus, les projets plus vastes; toutes les chaînes des esclaves, tous les cercles des trônes, furent plus fortement enfermés dans d'inévitables et indissolubles étreintes, tandis que la Croix, toute chargée de chaînes et plus avilie que jamais, se montrait plus visible sur la tête du dragon et entre les mains de l'homme à qui elle servait d'instrument pour les iniquités les plus affreuses :

42. Et là renversé, avec ses douleurs éternelles, parmi les chaînes de la captivité, là, jeté au milieu des boues d'un parjure inique et incessant, le signe sacré semblait crier vengeance et appeler les foudres des cieux.

43. Mais Satan, le dieu du mal, était toujours avec le dragon, et il agissait, et il était avec l'homme; et l'homme se préparait, attendant l'heure solennelle qu'il appelait l'heure du destin, car le pasteur de Karizm, pasteur des

loups et prophète de malheur, lui avait prophétisé cette heure : et le pasteur de Karizm était la voix de la fatalité d'Aquilon.

44. En attendant, les ténèbres s'épaississaient et s'élargissaient sur le noir empire, et le jour se hâtait, et la fin approchait.

45. Tout à coup voici ce que je vis : il s'ouvrit devant moi une salle grande, obscure, toute tendue en noir et toute pleine d'effroi. Dépouillées de tout ornement, les parois étaient tristes, muettes, solitaires, et comme sans cesse attentives ; parfois même, elles semblaient s'avancer épouvantées, et se pencher lentement vers vous. Quand vous fouliez le pavé, sous vos pieds se trouvaient de larges taches de sang, et vos pieds frémissaient, et vous sentiez vos genoux fléchir, tandis que tout le haut du noir appartement, toujours perdu dans des obscurités profondes, funèbres, se tenait suspendu sur votre tête, sombre, immobile, silencieux.

46. C'était le lieu de la nuit et de la mort, théâtre sinistre où se passaient en leur temps les scènes fatales. En ces temps, marqués par de tragiques destins, il s'entendait en ce lieu, durant l'heure ténébreuse et lugubre, il s'entendait d'abord des pas précipités frôler rapidement les dalles sanglantes, fréquents, désordonnés, divers, mais tout faibles, et semblables à quelque chose de traînant qui passe effrayé et qui s'égare ;

47. Puis des voix secrètes, confuses, insaisissables, chuchotaient sourdement pendant quelque temps dans les ténèbres : et après cela, on écoutait avec effroi des soupirs lents, étouffés, qui s'éteignaient peu à peu dans un silence funèbre, entre les ombres et les mystères noirs.

48. Or en ce moment, dans un coin de la salle sombre,

j'entendis quelqu'un se débattre, pendant quelque temps, au milieu de convulsions lamentables, affreuses, — agonie solitaire et sombre des hommes voués à un destin tragique :

49. Ensuite quelque chose de livide que l'on traînait fut jeté là sur le pavé semé de sang, et ce quelque chose resta immobile et muet ; puis trois fois, de silence et d'horreur il s'enveloppa : c'était le cadavre de celui qui venait de régner sur le dos du dragon.

50. Le tyran était mort de mort. Je comptai toutes les mesures de tout son temps et elles avaient été 665.

XXIV

1. Alors tout autour du grand trône d'Aquilon il se fit un long et profond silence, et sur toute la terre il y eut une sorte d'anxiété et de terreur générales.

2. Mais Dieu me parla : Prophète, fils de Juda, le peuple malheureux et aveugle, ma justice s'approche ; mon jour n'est pas tout près, et il n'est pas fort loin. Heureux celui qui saura l'éviter par les œuvres de son âme ! Heureux celui qui gardera mes commandements, et qui aura mis son espérance en moi !

3. Toi, bannis toute crainte et sois fort. Et je sentis que la main invisible du Seigneur me toucha, et enlevant de mon âme toute l'énergie de la frayeur, elle me communiqua la sagesse et la force.

4. Ensuite il me donna ses ordres, et voici ses ordres : Fils de l'homme, prends un crible ; perce-le en dix endroits, ni plus ni moins.

5. Prends sept coupes et va les remplir à la cuve du vin

de ma fureur; après quoi, place-les dans le dedans du crible, en les tenant droites et non pas inclinées ; tiens fermes les coupes et le crible qui dans tes mains voudra faire des mouvements de rotation : mais toi assure-le entre tes mains, de peur de ne commencer avant l'heure.

6. Dès que j'eus fait toutes ces choses, le Seigneur prit de mes mains le crible vivant, et le remettant à un esprit, il dit : Esprit, prends l'instrument de la purification que je fais cette fois-ci un instrument de vengeance, car tout sera paille dans le crible, et ce ne sera qu'après que toute la paille sera dévorée plusieurs fois par dix feux que je tirerai de la paille brûlée sept fois par ma colère un grain véritable, qui, celui-là, sera un grain vivant et fécond, mon grain.

7. Esprit, porte le crible et mets-le à sa place, et qu'il soit réservé pour le jour et pour l'heure.

8. Or je vis que l'esprit à qui le Seigneur remettait le crible était celui qui a vaincu Satan, l'ennemi antique : il l'a vaincu au commencement, il le vaincra à la fin et l'enfermera dans les abîmes de toujours ; mais il le combat encore à travers les chemins de ce monde, depuis les premiers temps jusqu'à la fin des jours.

9. Alors j'entendis une voix qui disait : Les coupes sont remplies ; le crible est à son poste : il est réservé pour le jour et pour l'heure.

10. En leur jour les coupes seront versées, et elles seront vidées ; le vin coulera par les dix ouvertures embrasées sur dix lieux et sur sept lieux du dragon, et il coulera, brûlant, vengeur, jusqu'à ce que s'éteigne la fureur de la main levée, et que vienne, triomphant et universel, le règne de celle qui doit venir.

11. Malheur à l'empire de l'Aquilon ! Les cieux trem-

blants et la terre épouvantée répondirent à la voix, et répétèrent : Malheur ! malheur !

12. Et en ce moment-là je fus frappé d'effroi, et je fus pris d'une grande tristesse, et je me mis à contempler avec douleur l'empire superbe et fameux d'Aquilon. Je contemplais aussi les terres des nations qui seront punies, à cause qu'elles ont fui la lumière et persécuté la vérité.

13. Mais le Seigneur voulut me consoler. Il m'appela, et me montrant les régions de l'Orient, il me dit : Regarde et vois.

14. Et je tournai les yeux du côté des terres qui furent fameuses aux jours antiques, et je vis de célestes lumières se lever et envelopper toutes ces régions.

15. Je vis surtout s'illuminer les sacrés horizons de la terre des miracles, la terre de ma patrie. Je vis les cèdres du Liban et les sommités de Carmel se couronner de splendeurs éclatantes ; je vis redevenir féconds les bords de Tibériade et les vallées du Jourdain ; je vis refleurir les rosiers à Jéricho et les palmiers à Cadès ;

16. Je vis la cité des prophètes se parer, comme autrefois en ses jours de fête et de solennité, d'une gloire et plus sainte et plus belle, et la fille de Solyme, revenue enfin des rives lointaines de Babylone, rejeter ses habits de deuil, se lever, le front ceint de rayons lumineux, et recommencer, sur la harpe prophétique, les cantiques saints aux collines de Sion.

17. A cette vue une joie si grande s'empara de mon cœur, un poids de bonheur immodéré fondit si soudain sur mon âme, que je tombai par terre comme frappé de mort.

18. Telles sont les visions de Zacharie le voyant, et ses premières paroles de prophétie sur le grand empire de l'Aquilon.

19. Seigneur qui êtes aux cieux, que votre nom saint soit

encore sanctifié ; que le règne de la vérité, de la justice et de la paix, qui est votre règne, arrive bientôt ; que votre volonté soit faite sur la terre comme elle est faite au ciel et en tous les lieux.

20. Gloire à vous, Seigneur ; gloire à vous trois fois, aujourd'hui et toujours, comme c'était au commencement, et comme il en sera durant les siècles des siècles. Amen.

A ces derniers mots l'anachorète s'arrêta, garda le silence pendant quelques instants ; puis, soulevant tout à coup vers moi un regard rapide et décidé, que semblaient néanmoins dominer comme de graves préoccupations, empreint qu'il était d'une sorte de sévérité triste qui imposait : Vous venez d'entendre, dit-il, mon fils, les révélations, ou comme il est écrit, les paroles de prophétie *du premier des derniers voyants de Juda*. Il a eu ces visions, ainsi que celles qui suivent sur le même sujet, en dix-huit cent sept. Il paraît qu'il les a écrites vers la fin de la même année. Il me les a remises en dix-huit cent quinze.

Depuis lors il s'est écoulé bien du temps et il s'est passé bien des événements. Depuis lors comme par le passé, une nation demi-européenne, demi-asiatique, a fait des progrès immenses sous tous les rapports, et aujourd'hui elle se trouve placée devant le monde, telle qu'une grande menace, telle qu'une provocation terrible, incessante, que l'on peut se dissimuler, que l'on pourra pallier plus ou moins, mais qui n'en restera pas moins ce qu'elle est pour bien longtemps encore.

Or ici dans le livre de Zacharie, cette nation est désignée comme vous avez pu vous-même le remarquer, avec une évidence trop visible. Elle est décrite avec netteté, assurance, certitude ; elle est peinte avec les couleurs les plus vives, dans sa plus frappante expression de ressemblance, par ses traits les plus caractéristiques, et avec une fidélité de physionomie telle qu'il est impossible de s'y méprendre. Ses conquêtes passées, ses développements de tous les jours, tous les événements qui se sont produits autour d'elle et par elle, ceux qui se sont accomplis comme ceux que l'on peut déjà prévoir, événements graves, vastes, pleins de conséquences illimitées, tous ont été prédits dans leur temps, leur nature, leur marche progressive et inflexible au milieu d'un ordre de choses redoutables qui semblent entraîner le monde vers quelque chose de fatal ou d'héroïque : ils l'ont été avec une précision qui étonne et une certitude qui effraie.

Mon fils, est-ce là une preuve en faveur de ces mêmes prédictions qui regardent les temps futurs et que vous connaissez déjà en partie, mais que vous devez encore mieux connaître bientôt ? Est-ce un signe certain ? est-ce un motif d'où l'on puisse conclure qu'elles s'accompliront, elles aussi, ces grandes prophéties de l'avenir, qui se pressent dans les pages suivantes du livre de Zacharie, accélérées, menaçantes, pleines de scènes lugubres et annonçant d'effroyables catastrophes ?

Je l'ai déjà dit, mon fils, là-dessus ma bouche doit être close. Il y a dans les paroles de Zacharie le Voyant quelque chose de semblable à des charbons ardents sur lesquels on ne saurait trop vite courir. Seulement ce que l'on peut dire, ce qui semble certain, c'est qu'une impulsion grande, irrésistible, surhumaine, traîne violemment les peuples par des pentes sombres, inévitables, et emporte fatalement notre siècle vers ses destinées dernières.

Nous, mon fils, devant ce mouvement qui agite le monde, en présence de ces événements qui s'avancent, tristes ou glorieux, mais inévitables, et à la rencontre desquels le monde court irrésistiblement, tout en se fermant les yeux pour ne pas les voir, adorons les arrêts de la sagesse et de la justice divines. Pour moi, avant qu'advienne l'heure fatale annoncée par le terrible prophète de Juda, quand surgira le jour effrayant des tempêtes, je dormirai là, — et le vieillard montrait un tertre recouvert des feuilles à demi desséchées de la montagne, parmi lesquelles se montraient, çà et là, pâles, impuissantes et comme toutes désolées, quelques jaunes fleurs de l'automne, — là je dormirai, solitaire et muet, mes longs sommeils. Vous aussi, jeune homme, vous aussi aurez-vous peut-être alors quitté cette vie qui est la terre de l'exil. Oui, car la croisade annoncée paraît encore bien éloignée : la lumière manque encore trop aux yeux, et au cœur il manque le génie céleste, père des sublimités héroïques, la croyance des anciens jours. Il n'est plus dans les castels de preux chevaliers, il n'est plus de rois pieux sur les trônes, et aux chemins des pèlerinages, on ne rencontre plus de ces voyageurs fameux, qui, la croix sur la poitrine et l'épée vengeresse à la main, cheminaient vers la tombe glorieuse, prêchant les nouvelles douleurs du Calvaire, et combattant les saints combats du Seigneur.

Hélas ! Depuis bien longtemps les peuples, et encore plus les gouvernants, sont entrés dans les voies d'impiété et de mort, que leur a ouvertes Satan, le dieu du mal, et dans lesquelles ils s'agitent aujourd'hui, tourmentés et tremblants, comme, au lit de l'agonie, un moribond inquiet et effrayé. Mais déjà l'heure arrive où leurs yeux, commençant à se dessiller, leur montreront avec effroi les abîmes profonds qui les attendaient : et ils feront des efforts pour revenir à la lumière, pour rétablir les principes constitutifs, pour retrouver et retenir ces forces vitales, prêtes à s'éteindre chez les sociétés modernes dans une nuit universelle, au milieu des orages destructeurs, la nuit sombre des révolutions. Oui, ils ouvriront les yeux ; ils se tourneront vers l'étoile du ciel, où seulement peuvent se trouver le salut, la stabilité, la vie. Cependant, parce qu'ils avaient si universellement fui la lumière, si aveuglément abandonné les voies de la vérité et du salut, et si perfidement persécuté les oints du Seigneur, ils seront frappés de châtiments terribles, multipliés.

Ne l'oubliez pas, mon fils, l'impiété est la cause des déviations les plus grandes, les plus malheureuses ; elle est, pour les sociétés comme pour l'individu, le principe de toutes les chutes, la source de tous les malheurs, l'ouvrière de toutes les ruines. L'impiété c'est l'épée du mal, c'est la grande bannière de Satan, noire enseigne des triomphes de la mort. Or, c'est cette même bannière qu'ont suivie jusqu'ici les peuples, et plus encore les gouvernements. La piété chez les uns et chez les autres, est le seul remède à leurs maux. Mais ce remède nécessaire, que déjà l'on commence à voir et à reconnaître, ce ne sera qu'en remontant laborieusement et avec une grande persévérance la pente fatale qu'on pourra se le procurer. Non, je le dis sans crainte de me tromper, non, désormais il n'y a plus, pour nos sociétés malades de fièvres dévorantes, qu'un seul remède véritable, qu'une seule voie certaine de salut. C'est, vous le savez, mon fils, le retour sincère à la foi ; c'est la piété sérieuse, franche, vraie ; et c'est, vous le savez encore, comme moyen d'y parvenir, l'éducation religieuse, elle seule.

Mais ce n'est pas le moment, mon fils, de vous entretenir plus longtemps sur ce sujet, et je dois, sans plus de retard, reprendre et poursuivre ma lecture.

Or, je dois vous dire d'abord qu'ici, Zacharie fait une diversion, — et en disant ces mots l'anachorète reprit son *livre du voyant* — et, avant de passer à d'autres prophéties, il entre, je ne puis pas deviner pourquoi, mais probablement par la raison toute naturelle que l'homme est porté à dire aux hommes ses infortunes ; il entre, dis-je, dans une histoire pleine de vives émotions, l'histoire d'un double malheur qui semble avoir frappé l'homme des visions dans le temps qui s'est écoulé entre sa première et sa seconde révélation sur l'empire du Nord. C'est un récit rapide et passionné, peinture vivante de la douleur, espèce d'épisode dramatique, contenant un genre et un degré de tristesses, tantôt tendres et touchantes, tantôt agitées, violentes, sombres, mais toujours si vives, si profondes, qu'elles jettent l'âme dans de vagues et immenses sentiments, qui semblent la prédisposer, la préparer en quelque sorte à d'autres tristesses plus grandes, ces solennelles tristesses qu'inspirent, en y mêlant une sorte de frayeur mystérieuse dont on ne saurait se défendre, les menaces prophétiques et les tableaux lugubres qui se déroulent dans les visions qui suivent.

Je le répète, je ne sais quelles raisons a pu avoir le Voyant éploré de placer cet écrit entre des écrits bien autrement sérieux, et de mêler ainsi ses douleurs aux douleurs entières de l'humanité. Mais comme il semble qu'il n'en a eu aucune d'assez puissante pour l'en empêcher, je ne dois pas en avoir, moi, d'omettre une composition qui entre peut-être dans les vues et les plans du prophète.

Mon fils, écoutez. Et le vieillard ouvrit le livre des visions, et il recommença ainsi sa lecture :

LES
INFORTUNES DU VOYANT

―――――

LOAMMI

Zacharie, fils de Loammi, du peuple et de la race de Juda, devenu chrétien par la grâce de Dieu et soumis à la loi sainte qui est la loi de vie et qui est celle du Seigneur Jésus, à tous les fidèles Chrétiens qui sont répandus sur la terre, et qui sont les membres de la société divine, l'Eglise du Christ et l'assemblée des saints, vivant dans la communion de l'esprit et de la vérité, salut et paix ; et aux Juifs ses frères qui marchent dans les voies malheureuses de l'erreur et de la mort, salut et miséricorde.

Que Dieu le père, et Jésus son fils qui est Dieu, et l'Esprit-Paraclet qui est Dieu, soient loués et glorifiés aujourd'hui et toujours, et que l'esprit de Dieu qui est paix et qui est bonheur, soit avec l'esprit de tous les hommes, aujourd'hui et toujours.

Après avoir eu ma première vision sur l'empire d'Aquilon, je sortis de la *Grotte des prières* qui est au pied d'Ararat, vers le septentrion, à quelque distance des ruines d'Ardesch au-dessous d'Erivan, et je me dirigeai du côté de l'Orient vers la plaine d'Ecs-Miazin ou *les Trois-Eglises*. Là habitait une tribu de Juifs qui est ma tribu ; là se trouvait la maison de mes pères, qui, aux temps antiques, s'éleva en ces lieux avec beaucoup de sueur du front et de la poitrine, après avoir été bannie de la terre sacrée de la patrie qui est Sion l'infortunée.

Le jour était à sa fin et la nuit survenait, mais c'était une nuit sombre et menaçante, qui tombait peu à peu, pleine de ténèbres et d'orages. Le ciel au loin était traversé de grandes lignes aux couleurs blafardes, s'effaçant à chaque instant et se dessinant de nouveau en mille formes variées et changeantes, tandis que d'immenses rideaux, couleur de cendre, montaient sans cesse et s'y étendaient silencieusement, se succédant sans interruption, et se suspendant les uns au-dessus des autres dans les espaces vagues et infinis.

Bientôt toutes ces formes et toutes ces couleurs du ciel, s'entremêlant et se confondant ensemble, se perdirent dans une obscurité générale qui descendit rapidement, cerclant les horizons de nuages noirs et épais qui arrivaient et qui s'avançaient sans cesse. Entre ces horizons de plus en plus rétrécis, l'air était amassé, et les vents chauds d'une tempête imminente accourant du fond des régions méridionales, s'y mouvaient en désordre et pleins de furie, tandis que, chargée d'une brûlante électricité, la masse de l'atmosphère pesait sur la poitrine étouffée, et agitait, en les accélérant, les puissances surexcitées de la respiration et du mouvement.

Je marchais, tantôt à travers des campagnes découvertes, où la nuit, s'éclaircissant parfois à demi, me laissait apercevoir dans les campagnes mouvantes et lointaines des cieux, des nues agitées suivies d'autres nues et fuyant en lambeaux dispersés, ou des masses sombres s'avançant en phalanges serrées et surmontées d'autres masses plus sombres encore ; tantôt je passais sous les ombres tourmentées et doublement obscures d'arbres aux rameaux flottants et déconcertés sous la furie des vents.

D'abord des éclairs muets parcoururent longtemps, vifs, rapides, la nuit orageuse : et les ténèbres s'épaississaient, et les bruits confus de la tempête arrivant de loin s'approchaient incessamment. A la fin le vaste rideau des nuages se déchira violemment, et les trésors des orages se déversèrent. Alors coup sur coup s'ouvrirent les cieux profonds, et du sein des tourbillons embrasés de lueurs sinistres, se dégorgèrent mille foudres rapides, volant comme d'immenses colonnes de flammes, avec des roulements éclatants et brisés semblables au fracas de montagnes qui se déracineraient. Parcourues sans cesse de jets précipités d'une lumière rougeâtre, les hauteurs du firmament s'ouvraient et se refermaient, en laissant apercevoir au delà de leurs régions ardentes d'autres régions de feu.

Cependant les violences de l'ouragan augmentaient. Les entrailles du sol étaient déchirées et enlevées ; les édifices craquaient ; les arbres pliaient comme des roseaux ou se brisaient en deux; des quartiers de roches étaient arrachés du sein des monts et entraînés, et toute la terre éprouvait de fortes secousses qui semblaient l'emporter. Le choc des vents, le passage livide des éclairs, le vol des foudres, les brisements stridents des arbres, les rumeurs lointaines des forêts, les sourds grondements des fleuves débordés, les antres des montagnes, répondant aux rugissements répétés des tonnerres par des mugissements prolongés, et répétant par mille échos tant de bruits redoutables au milieu de toutes ces dévastations, étaient quelque chose de formidablement sublime qu'on ne saurait décrire.

Par intervalles, toutes ces solennités des tempêtes étaient un moment suspendues, comme entre deux actes, les scènes d'une grande représentation. Emportés par un impétueux courant, pareil à un immense flux qui se faisait dans les airs, tous les bruits s'éloignaient lentement, et semblaient aller se perdre dans un autre monde. Alors, fatigués ou comme épuisés, le ciel et la terre faisaient silence : seulement on entendait encore, dans le lointain, les vents mugissants continuer toujours leurs murmures sonores le long des vallées solitaires et dans la profondeur des bois. Mais cela n'était qu'un moment de répit, car, quelques instants après, les rumeurs confuses se rapprochaient plus vaguement terribles, au milieu d'obscurités qui se faisaient plus profondes, et la tempête arrivait, pleine de nouvelles et de plus grandes fureurs.

En toute autre circonstance ce désordre de la nature aurait doublé mon énergie, ou même, sur mon front découvert et en ma poitrine dilatée, il eût jeté, avec les vents de l'orage, des conceptions hardies et d'extravagantes voluptés. Mais alors c'était différent. Je me sentais déconcerté, abattu : ma marche était lente et pénible ; une grande désolation de cœur régnait en moi ; un sentiment de tristesse vague, inexplicable, une sorte de terreur mystérieuse, gagnaient de plus en plus mon âme incertaine et troublée, qui se trouvait comme sous un poids accablant, inexorable.

Plus d'une fois, je fus sur le point de me laisser tomber au bord de la route déserte et ténébreuse, dans quelque coin de cette terre inhospitalière, et, en me laissant aller aux besoins de mon être, aux penchants de ma nature, de me livrer pleinement à mes rêves amers, à ces méditations de la douleur, avec lesquelles mon cœur, mon âme, mes destinées semblent avoir tant de sympathiques rapports. Mais chaque fois, une voix secrète, interne, mystérieuse, semblait m'arrêter et me dire : Hâte-toi, hâte-toi. Plusieurs fois même, dois-je le dire ? quand de grands éclairs blanchissaient les horizons au loin, je crus voir une ombre, semblable à un blanc fantôme, marcher devant moi et me répéter : Hâte-toi, hâte-toi. Alors un trouble indéfini s'emparait de moi ; ma fatigue et ma tristesse augmentaient, et des pensées amères, et des images sombres, me poursuivaient. Etait-ce de ma part disposition d'esprit, après tout ce que je venais de voir de l'œil du voyant ? Etait-ce un fatal pressentiment de mes infortunes prochaines ?

Je l'ignore : mais, à mesure que j'avançais, tous ces pénibles sentiments s'accroissaient en mon âme en proportion des fureurs de la tempête ; et quand je fus sur le point de rentrer chez moi, l'orage, déployé dans toute la plénitude de ses forces démesurées, parvenu à son plus haut degré de développement et de puissance, planait solennellement au ciel, dominateur et pompeusement sublime, tandis que mon pressentiment à moi était déjà passé à l'état d'un effroi insurmontable.

Sur le seuil de mon habitation, j'hésitai : je fus tenté de revenir en arrière et de me replonger dans les obscurités de la nuit et les tourbillons de la tempête. Mais la voix mystérieuse se fit entendre de nouveau ; et, cette fois, devenant plus claire, plus distincte, plus impérieuse, elle dit : Hâte-toi..... ton père.... ton père. Ce dernier mot me frappa comme un éclair, m'ébranla comme une violente secousse.

Mon père..... hélas ! déjà la vieillesse et les infirmités avaient bien affaibli le fils de Juda. Même, depuis quelques jours, éclairé peut-être par ces lueurs qui sortent d'une tombe à demi entr'ouverte, le vieillard m'avait dit plus d'une fois qu'il sentait sa fin approcher, que déjà il descendait les degrés de son sépulcre : et il était devenu plus pensif et plus inquiet. Moi-même, auprès de lui, j'avais senti quelque chose d'inusité qui m'avait troublé profondément, et le matin de ce jour si mémorable pour moi, le laissant un peu souffrant, je ne m'étais éloigné de lui qu'avec un certain regret et une certaine appréhension, pour me rendre dans la grotte des prières d'où je pensais devoir revenir bientôt.

Ainsi le mystère semblait s'expliquer. Mes craintes augmentèrent ; mon effroi redoubla. Je me précipitai. J'entrai.

Mais qu'il fut triste le spectacle qui s'offrit alors à ma vue ! Dans une étroite et modeste cellule, un chandelier à demi voilé répandait une lumière vacillante sur des objets immobiles, noyés dans une certaine teinte d'obscurité funèbre. Tout autour d'une couche silencieuse de douleur et d'agonie, des personnes étaient assises, mornes et dolentes. Je frémis, je m'avançai, et, sur la couche douloureuse, je vis immobile, les yeux éteints, la figure teinte de blanches pâleurs, celui qui s'en allait déjà vers son heure dernière. C'était un fils de l'exil et de l'infortune, vieux voyageur dont les pieds s'étaient fatigués aux chemins du désert, et qui maintenant, au désert, allait se reposer pour toujours ; exilé pèlerin, tombé dans les voies de la solitude, et assis pour jamais sur les rives de la terre étrangère où il allait dormir ses longs sommeils, et ses sommeils troublés du jour et ses sommeils sans repos de la nuit. C'était le fils de Juda, qui se mourait loin de sa patrie, loin des tombeaux de ses pères, loin de Sion qu'il n'allait plus revoir. C'était lui : c'était mon père.

Pour faire comprendre quelles furent et la profondeur et l'impétuosité de ma douleur, il faudrait retracer l'image de toutes les choses du passé, ainsi que celle des vertus de ce bon père ; il faudrait dire la longue histoire de nos jours anciens, de nos malheurs communs, et rappeler tous ses soins, toutes ses tendresses, toutes ses souffrances pour moi. Protecteur assidu, vigilante sentinelle de mon enfance qu'il entoura de douces et tendres précautions, de chastes et touchantes poésies, aimable et pieux soutien de mes pieds aux jours où ils étaient faibles et incertains, guide fidèle de mes pas en tous les chemins de la vie, il fut sans cesse pour moi ce qu'est le céleste amant de nos âmes, l'Esprit des cieux, compagnon de nos jours d'ici-bas, notre ange gardien. Son fils unique, toujours je fus et l'unique objet de ses pensées, et le principe unique de ses affections, et le dernier espoir de ses vieux jours; mon unique parent ici-bas, toujours il fut, lui, et le seul ami de mon cœur, et le seul confident de mes peines. Hélas! Mais maintenant il s'en allait : je le voyais s'éteindre, là sous mes yeux, et descendre dans les mystères éternels de la mort.

Longtemps muet, immobile, stupide, je contemplai le mourant. Puis ma poitrine devint tout à coup comme accablée par un poids terrible, et la respiration ne sortait que péniblement de mon sein oppressé. Cherchant un soulagement à cette agitation étouffante, je fis ouvrir rapidement les fenêtres de la cellule. Aussitôt, avec la masse de l'air qui s'y précipita, je sentis quelque chose de frémissant entrer en ma poitrine : une espèce de tremblement profond m'agita tout entier; par mon sein monta comme un flot rapide, désordonné; un voile se répandit sur mes yeux, et mes sanglots, mes pleurs, mes cris, éclatèrent en même temps. Mon père, m'écriai-je alors d'une voix déchirante et par syllabes entrecoupées, mon père... mon cher père!... A ces mots l'émotion s'accrut et devint générale; des sanglots pressés s'échappèrent de tout le cercle des assistants; mes larmes redoublèrent, et je répétai : O mon père, ô mon cher père!

Puis avec un mouvement de passion fébrile, sur la figure pâle et froide du vieillard je me penchai, pour coller ma bouche sur sa bouche, pour presser contre ma poitrine sa poitrine. Dans des étreintes désespérées, peut-être allais-je étouffer le moribond, quand, tout d'un coup, une pensée rapide arrêta tous mes mouvements : mon père mourait juif.....

Hélas! homme de bien et de vertu, homme à l'esprit

droit, au cœur grand, aux inclinations généreuses, le fils d'Israël avait toujours eu néanmoins le défaut et le malheur d'être fanatiquement attaché à sa religion, malheur terrible, défaut de tous le plus incorrigible, contracté qu'il est, nourri, développé, dans les tristes et fatales aberrations d'une éducation fausse, qui est la plaie des plaies et la cause, chez l'individu et chez les peuples, de presque tous les maux. Plus d'une fois j'avais tâché de faire comprendre à mon père quels étaient son erreur, sa folie, son crime et son danger à ce sujet; mais jamais, malgré mes fréquentes tentatives, je n'avais pu ramener à la vérité l'homme du fanatisme. Cependant, depuis quelques jours, et dès que j'avais cru sentir en lui quelque chose qui l'entraînait rapidement vers la tombe, j'avais redoublé de zèle et de courage : j'avais multiplié mes attaques, j'avais multiplié mes prières et mes larmes devant le Seigneur, et à la fin j'avais obtenu quelque avantage et conçu quelque espérance. La veille même de ce triste jour, à la fin d'une longue et chaleureuse conférence, le vieillard s'était écrié avec une certaine émotion, qui m'avait paru trahir quelque incertitude dans ses convictions anciennes : Eh bien, mon fils, je désire connaître la vérité, et je prie le Seigneur de m'éclairer. C'était un grand pas de fait : je m'étais réjoui; je m'étais promis la victoire. Mais, hélas! maintenant tout semblait m'échapper, et Loammi s'en allait, anathème comme ses pères, dans la terre des morts, aux lieux d'où l'on ne revient plus.

Mon père allait donc mourir juif... juif comme il avait vécu... C'était le plus terrible des malheurs pour lui, c'eût été pour moi une espèce de remords éternel. Cette pensée me jeta dans l'épouvante, suspendit toutes mes douleurs, dissipa, ou plutôt absorba toutes mes autres pensées, qui se concentrèrent, se fondirent pour ainsi dire en une seule pensée, et se portèrent, ensemble avec toutes les ressources de mon esprit, toutes les impulsions de mon cœur, toutes les ardeurs de mon âme, vers un seul but : la conversion du mourant, si toutefois elle était encore possible.

J'envoyai aussitôt chercher un prêtre pieux et zélé de l'Eglise seule sainte et seule vraie, l'apostolique et catholique Eglise des Latins : et en attendant, pour coopérer autant qu'il était en moi à l'œuvre si grande, si nécessaire, je tâchai de réveiller et de préparer l'esprit du moribond. Je pris dans mes mains ses mains froides, et j'appelai à haute voix : Mon père, mon père. Le vieillard parut me comprendre : ses yeux s'entr'ouvrirent un instant avec peine, mais ils se refermèrent aussitôt.

Je ne perdis pas de temps. Je me prosternai. Les assistants en firent autant autour du lit funèbre. Tous ensemble nous implorâmes les miséricordes du Seigneur, le père et le consolateur des hommes ; nous invoquâmes l'assistance des bienheureux du ciel, pieux intercesseurs des âmes, secours et refuge des malheureux qui trépassent. Notre attitude était suppliante, nos yeux pleins de larmes, nos mains levées vers le ciel, notre cœur rempli de confiance et de piété. Je priai, je pleurai, je gémis. Longtemps j'appelai les secours du Seigneur ; plusieurs fois je répétai mes instances pressantes, et enfin je vis que peu à peu le mourant semblait revenir à la vie.

Seigneur, m'écriai-je alors, plein de joie et d'espérance, Seigneur, des profondeurs de l'abîme je me suis tourné vers vous et je vous ai appelé : Seigneur, écoutez la voix de votre serviteur, et que vos oreilles deviennent attentives aux tristes accents de ses plaintes. Si vous considérez nos péchés, nous ne pouvons soutenir votre regard, Seigneur : mais vous, ayez pitié de nous, car en vous se trouvent la clémence et le pardon. Venez à notre secours, Seigneur : venez et voyez l'âme du pauvre moribond.

Il est pécheur, il est vrai, le moribond, mais il est votre créature, Seigneur, et vous êtes miséricordieux : oh ! ayez pitié de lui. Il fut sourd à votre voix, il fut rebelle à votre cœur, il fut cruel à son âme ; il fut dur et obstiné, il fut ingrat et infidèle, il fut aveugle et dévoyé, mais il est votre créature, Seigneur, et vous êtes miséricordieux : Seigneur, ayez pitié de lui. Il souilla par le péché ce corps dont vous l'aviez revêtu comme d'un voile sacré ou d'un temple saint, et ces membres que vous lui aviez fournis comme instruments de vertu et d'adoration ; il dénatura cet esprit, pur rayon venu du ciel, souffle céleste sorti de votre bouche, sublime et divin génie de vos créations, destiné à vous connaître ici-bas et à venir plus tard se perdre en vous dans d'éternelles lumières et d'éternelles visions ; il pervertit ce cœur que vous fîtes pour vous, et qui en vous, après les jours de la vie mortelle, devait se replonger pour toujours au milieu de voluptés sans nom et de béatitudes sans fin. Oui, Seigneur, de ses mains, il ternit, le pécheur, toute cette gloire dont vous l'ornâtes ; oui, tous ces célestes dons dont vous l'aviez enrichi, il les a jetés aux vents des tempêtes cruelles, il les a livrés à tous les désordres du péché. Mais maintenant, Seigneur, venez et voyez : voyez ce cœur languissant, qui ne sera bientôt plus que de la poudre ; voyez cet esprit près de se perdre dans les faiblesses dernières de la vie et dans les ténèbres profondes de la mort ; voyez ce corps d'argile qui va descendre, plein d'infirmités et de douleurs, paré des bandelettes de la mort, ses pompes dernières, dans les populeuses solitudes des sépulcres. Maintenant que ses yeux sont obscurcis, et ses mains impuissantes, et ses pieds immobiles ; maintenant que sa poitrine est sans souffles et sa langue sans paroles, Seigneur, venez et voyez. S'il ne souffrit point autrefois les saintes souffrances qui purifient, il souffre aujourd'hui des douleurs plus amères ; s'il ne pleura point, aujourd'hui il gémit ; s'il ne vous connut point, s'il ne vous appela jamais, il se tourne aujourd'hui vers vous et il vous invoque ; et s'il pécha tant de fois... Oh ! voyez, en ce moment, en ce moment suprême...oui...il se repent, et il soupire après vous, et il implore votre pardon, Seigneur, et il est votre créature, et vous êtes miséricordieux. Oh! venez, Seigneur, venez et secourez l'âme du pauvre moribond.

Et vous, âmes fortunées qui vivez aux régions bienheureuses de l'éternité, s'il est parmi vous un souvenir du désert que vous parcourûtes ici-bas, semant vos larmes et vos bienfaits, priez, intercédez pour l'âme du pauvre moribond.

Patriarches vénérables qui êtes assis dans le sein d'Abraham, glorieux martyrs qui portez au ciel vos stigmates ineffaçables et vos palmes immortelles, chœurs célestes des vierges saintes, vous colombes pures des cieux qui habitez les retraites solitaires du paradis, blanches et candides plus que ces voiles sacrés qui ceignirent autrefois vos fronts aux retraites d'ici-bas, priez, intercédez pour l'âme du pauvre moribond.

Apôtres de Jésus, Pontifes saints de la cité des cieux et juges des douze tribus d'Israël, et vous tous confesseurs de la foi et prédicateurs de l'Evangile, qui parcouriez la terre, illuminant les ténèbres des âmes, venez, donnez lumière à l'âme du pauvre moribond.

Ange député du Seigneur, son ange gardien, toi qui suivis ses pas du berceau à la tombe, le protégeant de tes mains, le gardant de tes ailes, murmurant à son oreille, toujours, toujours, les murmures suaves de la grâce et les saintes poésies de la félicité, aujourd'hui ne le délaisse pas, aujourd'hui surtout, prie, pleure, intercède pour l'âme du pauvre moribond.

Je continuais : ma voix émue, attendrie, un peu voilée par la douleur, s'était empreinte de quelque chose de tristement pieux qui touchait : ma parole devenue rapide, passionnée, éloquente, avait acquis un degré de puissance qui emportait la conviction. Je vis que mon père ranimé et presque revenu à lui, écoutait avec surprise et même avec une certaine satisfaction. Redoublant alors de zèle et de ferveur, et me tournant vers une image sacrée représentant la glorieuse Vierge de Nazareth : Et vous, repris-je, d'une voix plus tendre, plus suppliante, et qui trahissait les pieuses émotions de ma joie secrète, et vous, ô mère du Dieu fait homme, vous par votre puissante protection, achevez l'œuvre commencée. Vous êtes le génie tutélaire du monde, vous êtes la Reine glorieuse des cieux : là-haut, autour de votre trône resplendissant, toute l'armée des bienheureux, tous les chœurs des esprits célestes, les Puissances sublimes, les Dominations éternelles, les Chérubins ardents, les Séraphins lumineux, les anges et les archanges, se tiennent dans le respect et l'admiration ; et ici-bas, toute langue vous invoque : celle de la mère tendre et celle de l'enfant naïf, celle du jeune homme à la poitrine ceinte du bouclier de la force et celle du vieillard impuissant méditant, près de la tombe où il va descendre, les obscurités de la mort et les mystères de l'éternité, celle du preux chevalier aux champs des combats et celle de la vierge timide au pied de vos autels, celle du juste et celle du pécheur, celle du croyant et même celle de l'impie.

Oui, ô fleur toute belle des champs d'Ephrata, oui, ô colombe toute pure des collines du Carmel, Marie, fille, épouse et mère d'un Dieu. votre nom a quelque chose de suave qui attire, quelque chose de mélodieux qui enchante, quelque chose de saint qui convertit. C'est le baume de toutes les plaies, l'enchantement de toutes les douleurs, le charme magique de toutes les infortunes; c'est la force de toutes les faiblesses et l'âme de tous les combats; c'est le bouclier de David appendu à la tour de Sion et ceint de mille boucliers. Le chrétien fortuné l'invoque dans ses dangers, et, lui-même, le pauvre idolâtre, au fond de ses déserts, le dit sans le connaître: il le dit comme l'harmonie universelle de la solitude ; il le dit comme la pieuse divinité des infirmités de son cœur; et sur ses lèvres descend une suavité céleste qui l'invite à prier, et en son cœur il sent se passer des mouvements pieux qui l'agitent mystérieusement.

On dit, ô Marie, que vous êtes l'appui des infirmes, le refuge des malheureux, la consolation des affligés, et l'amie fidèle du pèlerin exilé, et la douce compagne du voyageur perdu, et l'unique espérance de tous ceux qui souffrent et qui pleurent.

Eh! ô Marie, qui est plus affligé, plus infirme, plus triste et plus désolé que le pauvre moribond? On dit que vous êtes et la céleste amante et la pieuse avocate et la tendre mère des pauvres pécheurs; mais alors, le pauvre moribond a droit à votre protection, et il est votre fils, car il est pécheur. On dit aussi, l'on dit que c'est surtout aux heures cruelles de la mort que vous vous plaisez, ô Reine des cieux, à faire éclater votre puissance et votre bonté envers les hommes. Et bien alors, hâtez-vous, ô refuge, ô consolatrice des mortels, car il est bien près de son heure suprême celui dont la tête est penchée, languissante et abattue, sur l'oreiller de l'agonie, celui dont les yeux vont enfin s'obscurcir et se fermer pour jamais. O Marie, mère de Jésus, et tendre mère des pécheurs, priez, intercédez pour l'âme du pauvre moribond.

A ces derniers mots, je vis que les yeux de mon père se remplirent de larmes. Son émotion était visible. Il fallait profiter du moment. Je me levai. Je recueillis toutes mes forces. J'entamai résolûment et sans préambules la grave et pressante question de sa conversion au christianisme et de son salut éternel.

Alors s'engagea une lutte suprême entre l'erreur, les préjugés, l'amour-propre, le respect humain, et la vérité, la lumière, la grâce, qu'on voyait néanmoins triompher peu à peu. Il fallait éclairer l'esprit du vieillard, et en son cœur

6.

affaibli jeter des forces saintes et une onction pieuse. Je savais quels étaient les endroits faibles de mon adversaire, et les lieux où je devais surtout porter mes coups. Je connaissais les motifs et les excuses du Juif abusé qu'enchaînait le respect humain. J'employai tout ce que j'avais d'art, de connaissances, de force et d'adresse : la sagesse, l'éloquence, la persuasion, le Seigneur les mit sur mes lèvres.

D'abord, dans un tableau vif et rapide, je parcourus le système des preuves les plus frappantes, les plus lumineuses du christianisme. J'insistai surtout sur la concordance et les relations évidentes des écrits sacrés des anciens prophètes de Juda avec cette religion, fille sainte d'Israël, descendue du Calvaire avec sa robe teinte de sang et sa céleste couronne. Je décrivis ses combats, la chaîne de ses conquêtes, sa marche dramatique et victorieuse à travers les siècles, et l'éternel miracle de ses triomphes.

Après quoi je m'écriai : Mon père, dites-moi : Dieu, le Dieu bon, juste et éternellement saint, peut-il tromper tous les hommes, les plus pieux, les plus justes, les plus sages, tous ceux qui ont le meilleur cœur, le meilleur esprit, la meilleure volonté, et les tromper indignement, et les tromper toujours ? — Ce serait, mon fils, répondit le vieillard, la plus folle des erreurs et le plus grand des crimes que d'oser dire ou penser sérieusement une pareille et si absurde impiété. — Eh bien, repris-je alors, Dieu a fait cela, mon père ; il l'a fait de la manière la plus certaine, la plus évidente, la plus indubitable, ou bien vous êtes, vous, dans la plus grande, la plus fatale des erreurs.

Dieu, en effet, de la manière la plus formelle, par l'appel le plus clair et le plus pressant, n'a-t-il pas convié les hommes aux lumières de l'Evangile ? Et tous, du moins ceux qui ayant des yeux ont voulu voir, ne se sont-ils pas rendus à cet appel ? Tous n'ont-ils pas accouru au bercail du pasteur, les petits et les grands, les forts et les faibles, les plus fortunés comme les plus malheureux d'entre les hommes, et tous ayant les plus forts motifs de résistance, obligés qu'ils étaient pour cela de renoncer à toutes leurs inclinations naturelles, à leurs passions les plus vives, à leurs habitudes les plus invétérées, à leurs cultes les plus anciens et les plus reconnus, aux aises, aux biens, à la fortune, à la puissance, à la faveur, et quelquefois à la vie?

Oui, ils ont tous accouru, mon père : car, on ne peut plus se le dissimuler, l'Église du Christ a pris un caractère d'universalité qu'il n'est plus désormais permis de méconnaître ; ils ont accouru, eux comme les autres, les plus grands génies, les plus illustres célébrités, les plus puissants des hommes par l'esprit, le caractère, la fortune, la science, la vertu, et avec eux, tout le peuple des fidèles, grande république aux bases inébranlables, aux constitutions éternelles, aux destinées sublimes ; société divine, unique en son genre, et universelle par le nombre ou du moins par le poids.

Mais, mon père, n'a-t-il pas fallu à tous ces hommes de bien puissants motifs pour abandonner ainsi leurs plus chères affections, toutes leurs amours d'ici-bas, pour laisser, comme notre père Abraham, leur maison et leur patrie, et venir dans la terre des labeurs, des combats et de l'exil? Oui certainement, il faut qu'ils aient eu de bien grandes raisons ; il faut que l'appel ait été bien clair, bien positif, bien absolu, et sans doute, s'ils étaient dans l'erreur, ce serait Dieu qui les y aurait jetés, ce serait lui, et lui seul, qui les aurait irrésistiblement trompés. — Cette preuve parut faire une grande impression sur l'esprit de mon père.

— Mais non, non, c'est vous, je le jure, c'est vous, mon père, qui vous trompez.

Car, repris-je, en présence de cette religion évidemment divine, sortie comme un enfantement sublime du sein d'une croix, descendue des hauteurs de la montagne sainte, nourrie, élevée au milieu de drames sanglants et séculaires, et destinée à la conquête éternelle des cieux, en sa présence que sont toutes les autres religions, si ce n'est des branches mortes et sans séve qui ne pèsent point de poids dans la balance du Seigneur, des lambeaux déchirés de mille scissures qui ne peuvent couvrir des nudités honteuses, des cadavres vivants, se traînant dans la nuit des sépulcres au milieu des ordures de la prostitution ? Que sont-ils tous ces cultes terrestres, fondés sur les passions, la politique, l'hypocrisie et le sacrilége, sans unité, sans force, sans vie ? Que sont-ils, sinon un souffle des hommes, faible comme le souffle des mourants, une chaîne absurde d'édifices plantés sur le sable et ne pouvant résister aux simples jeux des enfants ?

Tandis qu'elle passe, elle la reine des conquêtes, pleine de force et de majesté, sereine, calme, inaltérable, à travers le monde et les combats, à travers les générations et les siècles ; tandis qu'elle court, toujours grande, radieuse, sublime, avec son étoile du salut et son ancre de la vérité et de l'espérance, vers ses destinées glorieuses et éternelles, vivifiant tout ce à quoi elle touche et faisant le bien à l'exemple de son fondateur, les autres religions, filles de l'erreur et des ténèbres, sèment perpétuellement la terre autour d'elles de débris suivis d'autres débris qu'agite sans cesse un souffle de mort inquiet et désespéré.

Et pour ne parler que de la vôtre, mon père, de celle des Juifs malheureux et aveugles, qu'est-elle cette religion des déicides, si ce n'est une ombre affreuse, un spectre au front taché de sang se mouvant, durant la nuit, de tombe en tombe, par les ruines vides et désolées de la vallée des morts, la triste Josaphat.

Et je peignis les malheurs de l'infortunée fille d'Israël, depuis qu'elle a rejeté le sein de son époux et les paroles des prophètes. Depuis lors elle erre fatalement, avec son livre muet, entre un cercle d'erreurs terribles et de crimes sans nom. Elle se traîne par la boue de tous les chemins, objet de mépris et d'horreur, aveugle, criminelle, maudite. Elle n'a plus de pontifes, elle n'a plus de voyants ; sa loi est devenue une loi de mensonge ; ses autels sont brisés ; ses oracles sont sans voix, et le Dieu de Jacob n'est plus son Dieu.

Passant de là à un autre ordre d'idées, et entrant dans une chaîne de déductions plus pratiques, je tâchai de faire comprendre à mon père combien peu sensé est celui qui se laisse vaincre par le respect humain, cette raison malheureuse des infirmes, qui paralyse si souvent toute l'énergie du remède, et détruit par la base tout espoir de salut ; cette folie criminelle qui, enchaînant toute vertu, devient le plus grand des dangers, tout en n'étant que la plus misérable des faiblesses. Je lui démontrai combien vaine et méprisable était cette crainte des jugements trompeurs du monde, épouvantail puéril des hommes esclaves de l'amour-propre, qui, aveuglés, effrayés, résistent si souvent, pour des motifs si mesquins, à la lumière de la vérité qu'ils repoussent, et s'en vont ainsi, faibles et malheureux, affronter des dangers suprêmes.

Je m'efforçai ensuite de lui faire voir ce à quoi se réduisait ce *tout le monde* qui épouvante tant l'imagination, et qui expose à des erreurs grossières, si ce n'est à d'éternels malheurs.

Tout le monde vous blâmera, m'écriai-je, tout le monde vous méprisera, dites-vous ? Mais, quel est donc ce monde qui mérite tant d'égards ? Quelques Juifs superstitieux et aveugles, qui vous oublieront dans quelques jours, qui seront eux-mêmes bientôt oubliés de ce monde, lequel s'en va, précipitant d'oubli en oubli, dans ses destructions perpétuelles, les jours et les générations.

6.

Le monde ?... Mais croyez-vous qu'il s'occupe beaucoup de vous ? Vous connait-il même ? En connaissez-vous la plus faible portion ?

Le monde ?... Mais c'est la vanité des vanités et le mensonge des mensonges ; c'est la voix aigre et trompeuse, maligne et souriante, qui crie, qui criera toujours, à tort et à travers, n'épargnant rien, flétrissant tout ; c'est le masque hypocrite, car quoi de plus hypocrite, mon père, que le monde, même dans ses vices et ses ostentations ? le masque dessous lequel se trouvent toutes les faiblesses, toutes les hontes, tous les remords ; c'est la terre aride et désolée de l'erreur ; c'est la voie de la perdition ; c'est l'ennemi de Dieu.

Le monde ? Il s'occupera de vous ou il ne s'en occupera pas quoi que vous fassiez, quelque parti que vous preniez ; et s'il s'en occupait, qui vous dit qu'il blâmera votre détermination et qu'il ne trouvera pas plutôt que vous n'avez fait que suivre et les inspirations de votre conscience et les voies de votre conviction ? Que s'il ne vous approuvait point, s'il vous jugeait autrement, du fond de votre tombe, l'entendrez-vous ? Que dira le monde ? Mais la grande société des fidèles, qui elle aussi est du monde, que dira-t-elle ? Que diront les bienheureux au ciel ? Que diront les anges purs ? Dieu, votre Dieu que dira-t-il ?

Vous avez dit que vous ne pouviez vous déshonorer à la fin de votre vie. Grand Dieu ! qu'est-ce donc que le déshonneur ? Qu'est-ce que l'honneur ? Quoi ! c'est vous déshonorer que de vous montrer sincère et pénitent ? C'est vous déshonorer que de fuir l'erreur, de mépriser les préjugés, d'embrasser la vérité et la justice, et de vous vaincre vous-même ? C'est déshonneur que de passer sous l'étendard de votre Dieu, de devenir citoyen de la cité céleste et soldat de l'armée immortelle du Seigneur ? Heureux déshonneur que celui-là ! heureuse faiblesse, sainte folie, beau et glorieux scandale que ce scandale qui consiste dans la plus grande des vertus, le retour à votre Dieu, dont il vous méritera l'amitié, avec une couronne éternelle pour récompense !

Mais que si rien ne peut vous détromper, m'écriai-je enfin d'une voix plaintive et déchirante, si rien ne peut vous émouvoir, eh bien, avec votre honneur malheureux, descendez, père infortuné, descendez dans votre tombe dormir vos longs sommeils qu'agiteront sans cesse des rêves sombres et d'éternels délires. Car, ne vous le dissimulez pas, bientôt, hélas ! peut-être dans quelques heures, vos yeux seront fermés à la lumière, et dans la terre des morts vous entrerez pour toujours.

Mais avant ce moment suprême, dites, ô père infortuné, dites votre suprême adieu à ce que vous avez de plus cher ici-bas, à tout ce qu'il y a là-haut de plus beau, à tout bien, à toute espérance, à tout bonheur. Regardez pour la dernière fois le ciel, et au ciel, pour la dernière fois, dites votre dernier adieu ! Adieu aux rayons de la lumière, adieu aux félicités de l'avenir, adieu à l'éternité de la vie, adieu, pour toujours, pour toujours, au paradis, région de la béatitude, cité céleste de la lumière, de la gloire et des triomphes, royaume de la paix, séjour du repos et du bonheur, et des extases sans fin et des voluptés sans mesure.

Et à votre fils.... pleurez, pleurez, mes yeux ; ne retiens plus, ô ma langue, les tristes gémissements de mon cœur.... Hélas ! il ne pensait pas, ce fils infortuné, quand aux chemins de l'exil vous l'accompagniez, vous son guide et son soutien, vous son seul ami et son unique espoir, il ne pensait pas qu'un jour vous dussiez le quitter pour jamais, que vous dussiez vous séparer de lui pour l'éternité..... Hélas ! pour lui il n'y aura plus de joie en ce monde. Sur cette terre il s'en ira, il s'en ira, errant par toutes les solitudes, triste, désolé, inconsolable ; et il pleurera le jour, et il gémira la nuit, et jamais, non jamais, rien ne pourra plus adoucir ses peines, rien ne pourra plus apaiser ses douleurs..... A ce malheureux fils..... père barbare et cruel, donnez aussi, donnez... pour la dernière fois.... votre éternel adieu.

Et vous, ô Jésus, votre sang !..... Je m'arrêtai, et en disant ces derniers mots je fis même semblant de me retirer. Mais déjà mon but était atteint, et la conversion de mon père consommée.

O Jésus, votre sang !.... Ces paroles sacrées avaient passé par la bouche du vieillard, et la grâce triomphait enfin. Ses larmes éclatèrent comme les eaux comprimées d'un torrent, et il s'écria : C'en est fait. Mon fils, mon cher fils, non, nous n'allons pas être séparés. Jésus, votre sang !.... Oui, c'est ce nom qui a obtenu la victoire ; c'est ce sang qui a sauvé le malheureux Loammi. Jésus ! Oh ! quelle félicité j'éprouve ! Jésus! Oh ! pourquoi ne vous ai-je pas connu avant cette heure? Que ne puis-je vivre encore quelque temps pour vous mieux connaître ici-bas, ou pour expier mes iniquités ! Elargis-toi, ô mon cœur ! Mes lèvres, ouvrez-vous et bénissez le Seigneur. Mais quelles sont donc les voluptés qui sont préparées là-haut ? O malheureux pécheurs! ô Juifs aveugles!....

Allez, sonnez de la trompette à Sion ; criez à haute voix sur les places publiques; dites, dites à tout le monde que Loammi s'est déshonoré ; dites à Juda que le fils d'Israël a déserté son camp et changé d'étendard. Mais dites aussi, dites que c'était le pauvre aveugle, et il a recouvré la vue ; c'était le malheureux infirme, et il a retrouvé la santé ; c'était l'enfant de l'exil, le pécheur impénitent et obstiné, mais il a été ramené dans la voie, et il est rentré dans sa patrie. En lui, aujourd'hui, a été créé un cœur nouveau, et un esprit droit a été renouvelé au fond de ses entrailles.

Vite! Appelez un ministre saint de la religion de Jésus.

Apportez à mes mains, donnez à ma bouche la croix. La croix... oui, la croix signe du salut.... Venez, soutenez la tête du pauvre moribond, soulevez ses pieds, afin que le fils de Juda se porte vers son Dieu qui l'a attendu, qui est venu à lui.

Et le vieillard voulait à toute force se faire enlever de sa couche, et à genoux, sur un lit de cendre, expirer, la croix à la main, à la manière de ces grands pénitents des anciens jours. Son exaltation, son bonheur étaient si grands que j'eus à craindre que sa vie ne s'échappât avant l'heure.

Le saint missionnaire de l'Evangile aux pieds beaux et pacifiques arriva. Ce fut une scène touchante : l'émotion fut générale : le saint prêtre ne put retenir ses larmes à la vue du vieux Juif converti, et ma joie à moi fut sans mesure, quand, sur son front vénérable, je vis couler l'onde sacrée et régénératrice, et que je lui entendis prononcer d'une voix entrecoupée par les larmes les vœux sacrés de la vie sur la couche funèbre de la mort. Sa face déridée s'éclaira de rayons lumineux ; les anges des cieux répandirent leurs blanches ailes autour du lit sanctifié, et les rives du Jourdain et les collines du Liban exultèrent comme les pieds des agneaux aux pâturages fertiles de Galaad et d'Hermon.

Mon père vécut encore quelques jours. L'homme saint de la religion, à qui je racontai plus tard toutes les particularités de cette soirée, et qui, en même temps qu'il guérissait les âmes, connaissait aussi la science de guérir les corps, m'assura que le mourant, dont il connaissait le tempérament et chez lequel il avait trouvé les principes d'une maladie asthmatique, n'avait dû cette prolongation de vie qu'à l'heureux hasard qui m'avait fait ouvrir les fenêtres de sa chambre et donner de l'air à son sein altéré. Ainsi c'en était fait de mon père, si je n'étais arrivé en ce moment-là. Ainsi, sans un cas tout à fait fortuit, le salut éternel d'un homme était joué, ou devenait du moins un problème effrayant. Que vos voies sont profondes et impénétrables, Seigneur! Grand Dieu, que de fois vous m'avez troublé, dans mes méditations solitaires, par ces secrets terribles de votre sagesse et de votre justice! Je compris alors les avis mystérieux de cette voix intérieure de mon âme qui m'avait plusieurs fois crié : Hâte-toi, hâte-toi, et j'adorai le Seigneur.

En attendant, le moribond converti profita du temps que lui accordait la miséricorde divine. Il reçut, selon leur ordre, les autres sacrements de l'Eglise sainte. Plusieurs fois il dit et il redit à l'homme sacré les choses des anciens jours et l'histoire de son âme ; plusieurs fois il purifia son cœur dans les saintes ablutions de la pénitence : et toujours les deux vieillards terminaient leurs secrets intretiens par de douces et touchantes larmes.

Mais enfin arriva l'heure dernière. Longtemps le regard à demi éteint de mon père erra sur moi. Sa main tremblante se leva pour me bénir. Puis, quand ses yeux furent tout à fait voilés, et qu'il sentit son cœur se glacer et sa voix disparaître, alors sa froide main me chercha encore dans l'ombre. Je pris cette main, et tandis que je la tenais collée sur mes lèvres, d'une voix faible, lente, prophétique : Mon fils, dit-il, mon fils, les temps arrivent, — la brebis perdue est revenue au bercail, — Loammi, le *non mon peuple*, est devenu le peuple du Seigneur, — Jacob et Esaü se réconcilieront sous la tente de leur père, — Abraham épousera Agar dans le désert, et Israël reviendra pour toujours de Gessen, l'Egypte. Mais avant ce jour... mon fils, des jours de ténèbres... mon fils... je vous bénis... pour la dernière fois. Et en achevant ces mots, l'homme pénitent s'endormit dans la paix du Seigneur.

Je suivis mon père au lieu de sa dernière demeure. Quand il fut posé en son lit de terre, sur son front incliné au repos éternel, je jetai une poignée de cendre, et lui dis mon adieu. Puis sur lui la terre tomba, tomba, avec un bruit lent... et pour jamais il disparut.

Je laissai écouler la foule qui, oubliant bientôt avec un dédain stupide les choses de la mort, trop pressée qu'elle était de rentrer dans les préoccupations de la vie, se dissipa bien vite et me laissa tout seul.

Alors, sur le bord de la fosse fraiche je m'agenouillai. Longtemps je priai pour l'éternel repos du trépassé; longtemps je méditai sur la fuite rapide des années d'ici-bas et sur le néant des siècles, qui s'écoulent, avec leurs pompes devenues toutes funèbres, comme un jour sans valeur.

Hélas! tout ici-bas s'en va; il s'en va aujourd'hui, il s'en ira demain : le bien et le mal, le crime et la vertu, le juste et l'impie, le faible persécuté et l'oppresseur triomphant, le nom, l'opinion, la puissance, les pères et les fils, nos ancêtres et nos neveux, les générations et les générations, tout s'écoule comme un torrent plein d'écume vaine, comme, aux pentes du Thabor, les eaux troubles de Cison.

Ainsi tout tombe, m'écriai-je avec une espèce de déception amère, tout s'enfuit et se perd dans un noir infini : et lui-même, mêlé et confondu avec toutes les choses de la vanité, entraîné, comme une chose vile, par le torrent qui passe en emportant pêle-mêle toutes les images du néant, lui aussi, l'homme, être divin, s'en va avec le reste des êtres : il tombe, indigné d'être mortel, il tombe et se perd, avec tous les néants d'un jour, dans l'éternel mystère de la mort. Mais qu'est-ce donc, grand Dieu, que la mort, et qu'est-ce que la vie? qu'est-ce que les temps et le monde, et les années et les siècles? qu'est-ce que l'homme, et ses jours, et ses espérances? et tout ce qui commence, et tout ce qui finit? et ce qui est, et ce qui fut, et ce qui sera? Des figures qui passent, suivies d'autres figures ; une éternelle lutte d'ombres traînant des chaînes vers la tombe ; un immense et désespérant problème... des choses profondes et terribles, ou... peut-être... des rêves sans nom, et des néants sans fin.

Ainsi m'entretenais-je avec mes pensées douloureuses, là sur le sol qui renfermait la dépouille du trépassé : et à mesure que je méditais, mon âme semblait s'élever et s'étendre comme l'immensité des cieux. Mais peu à peu ma douleur assoupie se réveilla. D'abord elle fut calme, sereine, résignée ; mais ensuite, changeant tout à coup de caractère, elle se développa en moi avec une rapidité effrayante, sans que je susse la comprendre, sans que je pusse la dominer. Mon cœur se serrait violemment ; toute mon âme se trouvait comme fortement ébranlée, et une espèce d'irrésistible épouvante s'y jetait et l'enveloppait. Je me levai comme chargé d'un terrible poids ; je me hâtai de me retirer, et je rentrai chez moi poursuivi d'un effroi dévorant.

Sur la dépouille froide d'un père, aux confins de la vie, au milieu de ces ténèbres redoutables qui habitent tout autour des tombes, quelque spectre de mort m'avait-il embrassé? Etait-ce l'attouchement d'une ombre que j'avais ressenti? Ou bien était-ce encore, pour le malheureux Zacharie, un triste pressentiment d'infortune et une nouvelle voix de douleur ?

ANGÉLIE

Hélas ! oui. C'était l'avis secret d'un bien plus grave malheur, qui déjà était suspendu sur ma tête... Mais, ô ma plume, pourquoi coules-tu sur cette pente fatale ? Intarissable veine de mes pleurs, pourquoi te rouvres-tu ?

Ombre de ma fille, Angélie qui n'es plus, pardonne aux larmes de ton père. Du fond de ta tombe au désert, du haut de ta demeure céleste aux béatitudes éternelles, ma fille, pardonne à ton malheureux père qui a besoin de penser à toi, de s'entretenir de toi. Pardonne à sa main tremblante qui, malgré lui, va parler d'Angélie.

J'avais toujours été un bien triste voyageur sur la terre, errant sans amis, sans patrie, dans les voies d'un monde devenu pour moi comme un éternel exil. J'avais perdu tous mes parents : un à un ils étaient tous tombés sur la terre étrangère ; un à un, tous les fils qui m'attachaient à la vie s'étaient brisés. Et maintenant que, pour comble d'infortune, je venais encore d'être privé de mon dernier ami; maintenant que, pèlerin désolé aux chemins arides et solitaires de l'exil, je perdais encore celui qui fut mon guide et mon soutien, celui qui était mon dernier refuge et ma dernière espérance, un père chéri, la seule planche de salut qui restât encore à ma vie si pleine de naufrages, mais qui, hélas! m'échappait elle aussi pour toujours, à quoi désormais pouvais-je encore tenir ? A quoi devais-je plus me rattacher ?

Mais non, il y avait encore sur la terre quelque chose qui pouvait me retenir à la vie, un objet plus cher que tout ce que j'avais perdu, d'autant plus cher que, dorénavant, il devait me tenir lieu de tout : une céleste créature, plus douce pour moi que la lumière de mes yeux, plus nécessaire que le sang de mon cœur : c'était ma dernière compagne; c'était ma dernière espérance ; c'était l'étoile de ma vie orageuse ; c'était... c'était une fille.

Angélie, ô ma fille, mais tu n'es plus! mais tu n'es plus !! O ma plume, pourquoi coules-tu sur cette pente si fatale à mon cœur?... Ma fille, je te serrai tant de fois dans mes bras! Je te pressai tant de fois sur mon sein ! Pourquoi mon cœur brûlant ne put-il réchauffer ton cœur froid ? Pourquoi la voix dolente de ton père et son amour ardent ne purent-ils pas réveiller ton sommeil ? Ma fille, mais tu dormais, tu dormais le sommeil de toujours ! Oh ! changez-vous, mes yeux, en deux sources de larmes qui ne tarissent plus ; ouvre toi, ô mon cœur, ouvrez-vous, ô mon âme ! Ma main, ma triste main, laisse couler ta plume et parle d'Angélie.

J'avais une fille. Le désert l'avait vue naître, la terre d'exil la vit grandir, le désert renferme sa dépouille mortelle.

Aux jours anciens, quelque temps après que j'eus entendu l'*Echo du Calvaire* et que je me fus converti au christianisme, ayant accompli mon vœu de pèlerin au sépulcre sacré, je préparai mon bâton de voyage et je sortis de Jérusalem, la ville des lamentations, avec mon épouse chérie, la chrétienne, la sainte fille des Maronites du Liban, celle qui, par ses vertus pieuses et les douces paroles de sa bouche, avait surtout concouru à ma conversion. Je sortis avec elle de la ville sainte, et avec elle je m'acheminai vers le pays d'Arménie, ma patrie nouvelle. Nous voyageâmes longuement et avec peine par des pays arides et désolés. Longtemps la femme vertueuse résista à la fatigue abondante ; mais enfin une douleur cruelle trahit ses forces, et, surprise par un enfantement prématuré, elle mit au jour une enfant, fille du malheur ; puis, prise par les étreintes de la mort, elle tomba, là au désert, et là au désert, elle s'endormit pour toujours.

Quel fut mon embarras, quelle fut ma douleur, il n'est pas nécessaire, il n'est pas possible de le dire. De mes mains je creusai la terre et j'y plaçai les restes de celle qui n'était plus, la femme forte et sainte. Ensuite, de ces mêmes mains fatiguées, prenant la fille du malheur, je la soulevai vers le ciel et je dis : Seigneur, soyez sa mère. Je dis encore : Enfant du désert, connais-tu ton malheur ? Faible et innocente créature, fille de l'infortune, que ton ange te garde. — Et je l'appelai Angélie.

L'emportant alors entre mes bras, je continuai mon voyage au désert. Sur les bords d'un ruisseau, je la déposai, et jetant sur sa tête l'eau de la solitude, je la baptisai. Après quoi je continuai encore mon voyage, chargé du poids doublement sacré.

Pouvait-elle vivre, cet enfant, fille de la femme aux entrailles douloureuses, et fille de Zacharie le voyant, qui l'avait vue naître orpheline, et qui lui avait donné un nom de douleur ? Elle vécut ; elle grandit dans la maison exilée de mon père. Elle vécut, et ce fut sur mon sein qu'elle se reposa le matin et le soir, et ce fut sur mes genoux qu'elle fut bercée et la nuit et le jour. Que de fois, entre mes bras ou dans son berceau, je lui chantai les douces chansons du sommeil : et ma voix attendrie et brisée était pour Angélie comme la voix d'une mère. Je disais mes tristesses, je disais les malheurs d'Angélie et les malheurs de sa mère : et mon cœur était désolé, et ma voix se remplissait de larmes ; mais Angélie ne me comprenait pas, et l'histoire douloureuse, et la plaintive chanson, semblaient être pour elle un charme mystérieux. Elle s'endormait calme et pacifique, tandis que je pleurais sur elle ; elle reposait tranquille et sans soucis, tandis que, penché sur son berceau, avec mon cœur rempli d'amertume et de désolation, je rêvais nos douleurs communes, en contemplant ses traits pâles et innocents où je croyais découvrir les traits de sa mère. A ce regard, à ce souvenir, je me prenais à pleurer de nouveau, et mes tristesses redoublaient.

Mais qui peut dire, ô Angélie, toutes les précautions dont j'entourai ton enfance, tous les soins, toutes les peines que tu coûtas à ton père, comme aussi toutes les joies que tu versais en son âme fatiguée, toi qui étais le repos de son cœur, toi qui devais être le bonheur de ses jours à venir ? Mais tu n'es plus, ô ma fille, mais tu n'es plus !

Elle grandissait la pauvre orpheline. Je recueillis son

premier sourire ; sa première parole, ses premières caresses furent pour moi ; je dirigeai ses premiers pas, et autour de mes genoux se passèrent ses premiers jeux. Elle grandissait, et, sentant elle-même qu'elle était seule, ou plutôt qu'elle n'avait que son père en ce monde, elle s'attachait à moi d'un amour sans partage, et son affection, devenant raisonnée, s'accroissait avec son âge de tout le poids d'une pieuse gratitude, tendre, suave, pleine d'aimables attraits et de douces souvenances. Elle n'avait que moi pour la garder, pour la bénir ; je n'avais qu'elle pour adoucir mes peines, pour soutenir ma vie. Je l'aimais, elle m'aimait, nous nous aimions ensemble comme s'aimaient le cep et les pampres aux vallons de Bersabée, comme s'aiment au printemps la rosée et les roses, comme s'aiment, balancés dans leur maison aérienne, les petits des oiseaux et leur mère qui revient de sa course attentive, avec la nourriture que le Père céleste leur prépara. Nous nous aimions d'un amour fort comme la mort : et l'un à l'autre était lié, et l'un à l'autre était nécessaire.

Nécessaire ! Qui peut dire combien Angélie l'était à mon âme, quand, sortie du premier âge et entrant dans l'adolescence, sa candeur, sa modestie, sa douceur céleste, sa prévenante obéissance, sa douce tendresse de cœur, toutes ses vertus pieuses vinrent à se développer avec sa beauté ? Et quand à son tour elle put servir à son père d'appui, de compagnie, d'assistance, oh ! comme son œil était vigilant ! comme ses mains étaient promptes et adroites, et ses pieds légers, et sa bouche affectueuse ! comme elle prévenait mes désirs ! comme elle dissipait mes tristesses ! comme elle endormait mes douleurs ! C'était pour moi plus qu'une fille, plus qu'une épouse, plus qu'une mère, plus qu'une créature mortelle : c'était un génie du ciel, tendre et pieux gardien de mon cœur, un ange consolateur.

Et qui plus que moi avait besoin de consolation ? Homme

au cœur large, profond, orageux ; homme à l'âme dévastée par de grandes infortunes, et, qui plus est, voué à des émotions sans nom et à des passions qui ne sont pas de ce monde ; homme aux idées noires, à la parole sinistre, à la vie jetée dans des voies inconnues ou des déviations sublimes.... qui, plus que moi, pouvait avoir besoin d'une main secourable et consolatrice ?

Mon genre de vie, mes inclinations solitaires, mes éternelles pérégrinations, ce quelque chose que je traînais d'inévitable après moi, une tristesse fatale, et surtout ces mystères de ma vie intérieure, qui se révélaient, de temps en temps, par de prophétiques lamentations que j'allais semant par le monde, toutes ces choses, réunies à mes malheurs domestiques, faisaient de moi un être à part, un homme singulier et comme déversé en dehors des sociétés humaines.

Ainsi, plein des amertumes de la vie et accompagné des visions de ses yeux, voyageait, sans guide, sans appui, le douloureux voyant de Juda, loin de Sion qui n'était plus sa patrie, sur la terre d'exil qui ne gardait aucune trace de ses pieds, au milieu d'un monde qui ne le connaissait, ne le comprenait point, et auquel il ne faisait lui-même nulle attention. Il passait dans le monde où il n'avait point cherché d'amis, où il n'en eût point trouvé : et, sur sa route aucun des hommes ne venait à sa rencontre, aucune main affectueuse ne pressait sa main, aucun cœur ne se penchait sur son cœur, aucune voix ne répondait à sa voix. En cet état, qui pouvait soutenir le triste voyageur ? Qui eût pu consoler le fils de Juda, qui l'eût compris si ce n'eût été une fille, sa chère Angélie ? O ma chère Angélie, mais tu n'es plus !

Rien n'éclairait mes yeux, rien ne déridait mon front, rien ne reposait mon cœur, qu'Angélie. Angélie essuyait la sueur de mes tempes ; Angélie apaisait les fatigues de mes pieds ; Angélie adoucissait les amertumes de ma bouche et les chaleurs brûlantes de mon sein. Celle qui séchait mes larmes, celle qui bandait mes plaies, celle qui guérissait mes maux, c'était Angélie, et toujours Angélie. Aussi, de près et de loin, seul ou parmi les hommes, quand je visitais la patrie et quand j'errais dans la solitude, toujours et partout, je pensais à elle, et jamais d'elle mon cœur ne se séparait. Tout me la rappelait ; je me la représentais sans cesse ; en tous les objets, en tous les lieux, je croyais la voir et la retrouver : elle était au milieu de mes peines et au milieu de mes joies ; je la mêlais à mes rêves, je la mêlais à mes chants, et elle embellissait les uns et elle inspirait les autres. Près d'elle je trouvais quelque repos, même quelque bonheur ; mais loin d'elle..... Oh ! que longs et tristes étaient mes jours, quand, pouvant enfin la laisser à elle-même ou sous la garde de mon vieux père, je me voyais obligé de temps en temps, poussé que j'étais par mon esprit et par des impulsions mystérieuses, de m'en séparer !

Nos adieux étaient longs et tendres. La tristesse d'Angélie était visible, moi je cachais mes émotions. J'embrassais ma fille, puis je l'embrassais encore et la tenais longtemps serrée entre mes bras. Je la quittais enfin : mais ensuite, une et deux fois, sous quelque insignifiant prétexte, je revenais sur mes pas : c'était pour revoir encore mon Angélie, pour l'embrasser de nouveau.

Elle aussi quelquefois, la pauvre enfant, revenait à moi après nos adieux, et, feignant d'avoir à me dire quelque chose ou de vouloir accompagner mon départ, elle aussi, elle entrait dans le chemin que j'allais parcourir. Alors, longtemps, longtemps, elle me suivait, triste, silencieuse ; et quand enfin, d'une voix indécise, je suspendais sa marche, elle s'arrêtait, muette, interdite, les yeux pleins de larmes. Avec hâte je la pressais sur mon cœur brisé, et sans pouvoir prononcer aucun mot, je m'éloignais rapidement, la laissant là toute seule et privée de son père. Je m'en allais, mais à mesure que je m'éloignais, toute force abandonnait mon âme, et de mon sein mon cœur semblait s'en aller aussi. Je m'en allais, mais à chaque instant je me tournais du côté où j'avais laissé ma fille, et toujours je voyais la pauvre enfant qui, tournée elle aussi vers moi, debout et immobile à l'endroit même où je l'avais laissée, me suivait des yeux et me regardait disparaître. Alors mon cœur se serrait ; j'éprouvais comme des vertiges et des défaillances, et plus d'une fois j'étais tenté de m'élancer dans la route déjà parcourue et de revenir sur mes pas.

Puis quand enfin, bien loin, bien loin, la distance nous séparait ; quand dans le lointain, d'un long et dernier regard mes yeux pouvaient encore distinguer Angélie, tourné vers elle, moi aussi je m'arrêtais : longtemps je considérais l'enfant triste et délaissée, arrêtée sur la voie déserte ; longtemps je versais des larmes bien amères, et enfin, jetant au vent un long et dernier adieu pour qu'il le portât à ma fille, qui sans doute en ce même moment me renvoyait le sien, je me précipitais avec agitation sur mon chemin, et je disparaissais.

Durant de longues heures, Angélie contemplait encore les lieux par où j'avais passé, la borne lointaine par où j'avais disparu ; puis enfin, perdant sa dernière espérance, elle se laissait tomber sur la terre et se prenait à pleurer. Les passants la rencontraient tout le jour, assise sur le bord de la route solitaire : plaintive et désolée, elle demandait aux passants des nouvelles de son père ; mais les voyageurs de la terre ne connaissaient point le père d'Angélie.

Ton père, Angélie, ô ma fille, ton inconsolable père !... Oh ! comme longs étaient alors et ses nuits et ses jours ! comme tristes étaient ses pensées, ses souvenirs, ses prières, et ses paroles et ses actions ! Plein d'ennui, de sécheresse et d'une langueur cruelle, il marchait et ses pas étaient lents ; il voyait, mais ses visions étaient agitées et ses paroles funestes. Il était comme celui qui n'a plus d'espérance en son cœur, ou comme celui qui se sentant entouré d'ennemis est rempli d'une incessante frayeur, cette frayeur instinctive, fille de la désolation et des infortunes, que l'homme juste mais abandonné des hommes, sent au milieu de la société et encore plus dans la solitude avec lui-même, sainte compagne de l'infortune qui, si elle n'est pas une vertu, est au moins une grâce, et qui, en même temps qu'elle nous détache des choses passagères du temps et des vanités de la vie, nous avertit que ce n'est pas un jeu que cette même vie qui nous a été donnée à garder et comme à porter ici-bas, que ce n'est pas une scène de théâtre, un acte de comédie, mais bien quelque chose de grand et d'infini, un poids terrible posé sur la frêle tête de l'homme et qui a son contrepoids dans l'éternité, une épée vivante destinée aux combats, une sublime création que la mort ne peut détruire.

Mais quand il revenait à toi, ô ma fille, c'est alors que ton inconsolable père semblait trouver, en te retrouvant, un peu de calme, de repos, de paix, mère de la sûreté. Aussi que doux était le retour ! Comme semblait s'alléger le poids de son cœur à mesure qu'il approchait de toi ! Ainsi est celui qui se sauva du naufrage et qui s'approche du port ; ainsi est celui qui se sent hors de l'atteinte d'un malheur qui le menaça.

Et quand j'arrivais ! Et quand je te voyais accourir à ma rencontre ! Et quand mes lèvres tombaient avides, frémissantes, sur ton front pur et blanc !... O ma fille Angélic, mais tu n'es plus ! mais tu n'es plus !

Tu étais cependant innocente et aimable comme la colombe qui habite dans le creux des pierres sur la montagne d'Amana ; tu étais tendre comme la voix de la tourterelle qui se fait entendre aux bois de Réblata quand les fleurs ont paru ; tu étais pure comme les rayons de l'aurore : dix-sept fois seulement avaient fleuri les rosiers de Jéricho depuis que ta mère te mit au jour, depuis que ton père t'appela Angélie. Et maintenant que tous les jours tu devenais plus belle, plus charmante ; maintenant que, semblable aux jeunes palmiers de Tadmor, tu t'élevais pleine de grâce et de délices, et que, plus douce, plus pieuse, plus sainte, créature céleste, tu faisais le bonheur du malheureux Zacharie, un sort cruel t'a enlevée... et ton père vit encore!

Il vit, mais c'est un miracle de la main du Seigneur qui a peut-être des vues sur lui ; il vit sur la terre, tandis qu'emportée aux pays fortunés tu t'en es allée loin de lui. Peut-être, du haut des régions bienheureuses, le regardes-tu marcher de ses pieds fatigués sur le sable du désert ; peut-être, tandis qu'il voyage et qu'il pleure, sans guide, sans espoir, pleures-tu toi aussi là-haut, des pleurs des bienheureux. Il vit, mais sa vie est une mort qu'il traîne après lui, cruelle, inexorable. Il vit, mais peut-être n'est-il pas loin, ô ma fille, le soir de sa journée sombre et orageuse.

Oui, je le sens, il n'est pas loin le moment où les pieds du pauvre pèlerin s'arrêteront dans quelque coin des chemins de l'exil pour ne plus s'avancer. Mais là, hélas ! là il sera seul, et aucune main secourable ne viendra l'aider à se reposer. Ses yeux se voileront, mais qui les lui fermera la dernière fois, ô ma fille ? Qui préparera sa couche funèbre ? Qui ceindra son front du bandeau de la mort ? Et les plaintes lugubres, et les chansons des trépassés, qui les dira sur l'infortuné Zacharie ? Ma fille !.... Et cependant j'étais là moi, j'étais là près de toi.

Coule donc, ô ma plume, coule sur la pente fatale : je ne vais plus te retenir. Dis mes craintes, mes angoisses ; dis mes tourments, mon désespoir, mes folies, tout ce que j'éprouvai, tout ce que je souffris, tout ce que j'inventai, tout ce que je fis, quand, revenant de clore dans sa tombe un père trop chéri, je trouvai malade ma fille qui n'est plus ;

quand, durant l'espace d'un long mois, je la vis s'affaiblir, et se décolorer, et par degrés s'incliner, lentement, lentement, là sous mes yeux, elle aussi vers sa tombe.

Hélas! Mais pourquoi peindre cette longue agonie, qui fut son agonie, qui fut la mienne?....

D'abord durant les premiers jours, malgré mes frayeurs mortelles et mes tristes pressentiments, je ne crus pas à la mort d'Angélie : je ne pouvais y croire : elle était si nécessaire à ma vie, si liée à mon existence. Non, me disais-je à moi-même, elle ne s'en ira pas; elle ne quittera pas son père. Et je me figurais, comme si cela dépendait d'elle, que si jeune et surtout si utile à mon existence, elle ne pouvait mourir. C'était une vaine espérance, c'était une folle pensée ; mais l'esprit des malheureux est sujet à ces aberrations, et pour me comprendre il faudrait avoir éprouvé mes infortunes ou avoir connu Angélie.

Plus tard mon illusion dut disparaître, et je ne pus plus me dissimuler mon inévitable malheur. Quelle fut alors ma désolation, il ne peut se l'imaginer celui sur qui de pareilles épreuves ne vinrent pas s'abattre. Quelles furent mes attentions, mes tendresses ; quels furent mes soins, ma sollicitude, ma constance, ai-je des paroles pour le dire? Jamais jeune épouse qui a enfanté son premier-né ne fut si adroite, si tendre, si éveillée ; jamais si pieux ne fut le pélican de la solitude quand lui-même il s'ouvre le sein et donne à ses petits le sang de son cœur, pour que ses petits ne meurent pas au désert. Jamais on n'inventa autant de doux stratagèmes, autant d'innocentes tromperies, autant de suppliantes caresses, que j'en inventai pour soulager, pour consoler ma fille. Ainsi attentive et affectueuse, ainsi douce, patiente, infatigable, est la veuve désolée qu'un époux qui n'est plus laissa gardienne fidèle d'un trésor précieux, gage sacré des amours d'autrefois, un autre lui-même, un fils unique. Ainsi était le père d'Angélie auprès de sa fille qui se mourait. Mon œil était devenu une vigilante sentinelle, mes mains un médecin compatissant ; mon esprit, ordinairement si distrait, si préoccupé, s'était comme réveillé ; mon caractère, extérieurement si calme, semblait avoir changé de nature, et mes puissances physiques et morales avaient acquis un degré d'industrieuse activité jusqu'alors inconnue chez moi. Toujours j'étais auprès d'Angélie, là autour d'elle, là penché sur sa couche, et semblable à un ange protecteur qui eût voulu la défendre contre la mort. On eût dit que je l'enveloppais de mon être, que j'allais lui transmettre ma vie : hélas ! et à chaque instant je sentais mon affection se doubler et mon espoir s'éteindre.

Mon désespoir était immense. Je le dissimulais néanmoins, ou plutôt je croyais l'avoir dissimulé et avoir même réussi à tromper ma fille sur son propre état. Mais un jour elle me fit comprendre qu'elle n'ignorait ni ma pensée ni son danger ni la certitude de sa mort.

Un jour, étendue pâle et silencieuse sur son lit de douleur, Angélie était dans un état de déclin évident. Agité, déconcerté, impuissant à dominer mes émotions, je sortais, je rentrais, je m'asseyais, je me relevais, me promenant, m'agitant, dérangeant des objets pour les arranger et les déranger plusieurs fois : et enfin je revenais toujours au chevet de la mourante, et là, debout et en silence, je me prenais à la contempler.

Sur sa figure défaite la maladie avait fait d'affreux ravages, et cependant jamais Angélie ne m'avait paru plus belle. Les tristesses dernières avaient répandu sur cette figure une sorte de mélancolie suave, et les approches de la mort y avaient jeté une certaine teinte de pieuse résignation qui inspirait je ne sais quels chastes sentiments de vertu et comme des aspirations rêveuses vers les béatitudes du ciel : ainsi doux sont les souvenirs du passé, ainsi délicieux les songes de l'exilé qui pense à sa patrie, ainsi sereines et saintes seraient les visions d'un ange arrêté sur la terre et rêvant les choses du Paradis, ainsi était la beauté d'Angélie.

Pâle et décolorée, Angéline était plus charmante : la pureté de son front, la beauté de ses traits, semblaient ressortir davantage, empreintes de quelque chose de ravissant, d'ineffable. Ses grands yeux lents et sans éclat, qui ne conservaient plus maintenant que leur douceur et une langueur résignée, charme si puissant pour les âmes malheureuses, avaient acquis une expression de suave tendresse, de sérénité sublime dont la langue de l'homme ne sait pas parler, mais qui devaient se rapprocher des choses divines.

Je regardais donc en silence ma fille ; elle me considérait elle aussi avec une tristesse où l'on découvrait une certaine inquiétude. J'étais violemment agité, et je cachais mon trouble ; elle était émue de son côté, mais elle faisait des efforts pour ne pas se révéler. Plusieurs fois je m'aperçus qu'elle voulait dire quelque chose, et plusieurs fois je vis que la parole s'arrêtait incertaine sur ses lèvres.

Enfin, se tournant résolûmen vers moi, et soulevant à demi la tête, elle dit ces mots que je n'oublierai jamais : « Mon père, mon cher père, pourquoi nous tromper l'un l'autre ? A quoi bon nourrir caché et solitaire un secret cruel qui pèse trop à nos cœurs, et craindre une révélation ? Par un sentiment de tendresse paternelle, vous m'avez jusqu'ici caché et vos tristes appréhensions et l'immensité de votre douleur ; vous m'avez dit, vous me dites encore que je vais guérir et vivre. Par un sentiment de même nature, moi aussi je vous ai caché mes souffrances, et cent fois, n'ignorant pas ma position, mais pensant que peut-être vous l'ignoriez, vous, j'ai dit que je me trouvais bien, j'ai répété avec vous que mon état n'inspirait point de craintes. Cependant, désormais, ni vous ni moi nous ne pouvons plus ignorer la vérité, la triste vérité. Pourquoi continuerions-nous encore à nous la dissimuler ? Les douleurs elles-mêmes, les grandes désolations de l'âme doivent être partagées par deux cœurs qui s'aiment, et il y a quelque consolation pour les malheureux à s'entretenir de leurs infortunes, à les décharger dans le sein l'un de l'autre, et quelquefois même à en connaître toute l'étendue.

« Non, mon père, non, aucune pensée, aucune douleur ne doit vivre retirée dans le sein de l'un de nous deux qui n'avons qu'un cœur, qu'une vie. Eh ! ne sommes-nous pas assez séparés du reste des hommes pour vouloir nous séparer nous aussi l'un de l'autre ? Ne sommes-nous pas déjà assez isolés ? Seul, tout à fait seul sur la terre, ne le serez-vous pas bientôt, vous mon père ? » Et en disant ces mots, elle fondit en larmes, la pauvre enfant; et comme je sentis les miennes près d'éclater, je voulus me retirer pour ne pas me trahir. « Non, mon père, reprit-elle alors, non, ne vous en allez pas d'auprès de votre fille : vos larmes laissez-les couler dans son sein : ensemble avec ses larmes peut-être qu'elles s'adouciront les unes les autres. Bientôt vous pleurerez tout seul ; bientôt votre fille sera séparée de vous, car elle va partir pour de longs voyages, les voyages sans fin de l'éternité. Elle partira, mais vous, vous son compagnon, son guide, son ami, vous n'accompagnerez pas son départ, vous ne viendrez pas avec elle.

« Oui, elle va partir. Ne vous trompez plus, ne la trompez plus : l'heure a sonné : elle va partir. Plante faible et sans racine, les tempêtes vont l'emporter ; fleur du désert privée de la rosée du ciel, votre Angélie n'a pu vivre qu'un matin ; à l'aurore la journée s'est éteinte ; au printemps la rose s'est fanée, elle s'est flétrie sous les vents cruels, et elle s'est penchée sur la terre qui n'a pu la garder.

« Elle va partir ! Bientôt elle ne sera plus. Dans quelques jours, demain peut-être, le soleil se lèvera, mais il n'éclairera plus ses yeux ; l'onde pure des fontaines coulera, coulera toujours, mais la vie d'Angélie ne coulera plus ; sur la terre les brises tièdes du ciel passeront encore, douces et gémissantes, mais Angélie ils ne la réveilleront plus, et dans sa tombe, les murmures plaintifs qui endorment les trépassés ne feront plus que lui envoyer un sommeil plus profond, plus profond. Et quand l'appellera la dolente voix de son père qui la cherchera partout, qui la demandera sans cesse aux monts et aux vallées, à l'inconsolable voix de son père la voix d'Angélie ne répondera plus, jamais plus. »

A ces mots mon cœur fut brisé, mes soupirs éclatèrent ; je ne pus plus retenir mes larmes ; celles d'Angélie redoublèrent, et elle reprit d'une voix plus faible, plus triste, plus résignée : « Père chéri, je suis cruelle envers vous, mais pardonnez à votre fille cet épanchement nécessaire : ses yeux avaient besoin de pleurer, son cœur avait besoin de s'épancher dans le cœur de celui qu'elle va bientôt quitter. Père chéri, pleurez, pleurez donc avec elle ; elle va mourir et la mort est amère, trop amère à son âme. La mort... Non, elle lui eût été douce, car qu'avait-elle à faire ici-bas, elle l'enfant de l'exil et du malheur ? Elle mourrait avec joie, car c'est vers sa patrie, la patrie du ciel, qu'elle s'en va : mais... mais... désormais..... son père... qui l'accompagnera ? Qui séchera ses larmes ? qui donnera de la force à ses pieds et du courage à son cœur ? qui lui aidera à soutenir le poids de la vie et qui fermera ses yeux aux heures de la mort ? Oh ! comme cette pensée est cruelle pour le cœur d'Angélie ! comme elle rend amers ses derniers moments ! Seigneur, Seigneur, père des infortunés, quel calice ! Jésus, consolateur des pauvres mourants, Marie, refuge et mère des affligés, ayez pitié de la pauvre orpheline ; jetez dans son âme la force qu'elle n'a pas. Oui, oui, je voudrais vivre, mais ce serait pour être avec mon père... Et si je dois m'en aller, alors, alors, pourquoi ne viendrait-il pas avec moi ?... Mon père, dans la même tombe... notre sommeil...

« Insensée! mais que dis-je ? Non, mon père, non, vivez : c'est la volonté de votre Dieu, c'est votre destin ; vivez et oubliez, s'il se peut, l'infortunée Angélie. Elle était du monde où tout passe, où rien ne dure. De quelques instants elle a hâté sa course ; mais qu'importe aux eaux du torrent qui s'en vont à la mer, qu'en leur lit murmurant elles soient plus ou moins précipitées, qu'un peu plus tôt ou un peu plus tard elles parviennent à leur repos.

« Mon père, qu'est ce que cent ans, qu'est-ce que mille ans pour ce qui doit finir ? Votre fille ! Mais elle devait mourir ; mais plus vite elle s'en va, elle la pauvre exilée, vers le ciel sa patrie. Père chéri, pourquoi lui envier ce bonheur ? Vivez, continuez encore quelques jours votre voyage au désert. La force des grandes âmes, la vertu des vrais croyants, c'est le courage calme et résigné, c'est la persévérance dans l'épreuve, c'est la lutte héroïque contre le malheur.

« Il y a un grand mot, mon père, et ce mot est un bouclier de guerre, un drapeau de victoire, mais il est aussi, vous le savez, un baume céleste et consolateur. Qui sait le dire est invincible : Dieu le veut, Dieu le veut — voilà l'arme divine des saints guerriers qui combattent les grands combats à travers le monde leur ennemi, et contre une certaine fatalité de mal qui les poursuit sans cesse. La volonté de leur Dieu est tout pour eux, elle doit être tout pour vous. Voyageur infirme et brisé, quand sur votre chemin vous rencontrerez des obstacles, ne vous découragez pas; regardez le ciel, remplissez-vous d'espérance, dites — Dieu le veut — et marchez. DIEU LE VEUT, dites-le en gravissant le sentier pénible de la montagne, dites-le en parcourant les voies battues par les pieds des hommes qui les rendent plus âpres, plus difficiles. Durant votre abandon et dans vos joies, si jamais, hélas ! il s'en trouvera plus en votre cœur, et au milieu de la nuit et au milieu du jour, dites — Dieu le veut : et votre force deviendra plus grande, et votre combat plus saint, et votre victoire plus glorieuse, et vous vaincrez la vie. Et puis, là-haut au ciel, votre fille suppliera le Père des miséricordes d'abréger l'épreuve cruelle de son père.

« Père malheureux ! Fille infortunée ! C'est peut-être la dernière fois que nous nous entretenons ensemble ; c'est peut-être son dernier adieu que dit à son père la triste Angélie. Père trop chéri, maintenant que votre fille peut encore entendre la parole de votre bouche et sentir la pression de votre main, maintenant que nous sommes seuls et que rien ne vient troubler nos douleurs ni profaner le mystère de nos amours sacrées, mon père, ici au chevet de celle qui va mourir, promettez de vivre et d'oublier... votre fille. Venez... de vos lèvres... pressez le front brûlant de la triste Angélie, et donnez-lui votre... dernière... bénédiction... »

A ces mots je ne pus plus modérer ma douleur. Je sentis dans ma poitrine flotter mon cœur ; je fus sur le point de pousser de hauts cris et de jeter le désordre dans la maison. Une et deux fois j'attachai mes frémissantes lèvres sur les lèvres de ma fille, et levant sur elle une main tremblante, je m'échappai en disant : Je vivrai, mais jamais je n'oublierai Angélie.. Ma fille, je te bénis.

Je sortis, je courus dans la campagne, je m'enfonçai dans les bois en criant : O ma fille, ô Angélie ! Et les bois répétèrent : Ma fille, ô Angélie !

La pauvre enfant avait deviné. C'était son dernier adieu qu'elle m'avait donné. En rentrant je la trouvai entrée dans une crise d'où elle ne devait sortir que pour rentrer dans une suite d'autres crises plus graves, plus violentes.

Arriva enfin le moment suprême. La mourante ouvrit les yeux qui errèrent quelque temps languissants, voilés, éteints, mais comme cherchant un objet : et m'ayant enfin rencontré de ces yeux moribonds, elle les arrêta quelques instants sur moi — puis elle les referma, et ployant la tête...

J'étais là. Je la vis mourir. Je ne sais quoi d'effrayant troubla ma poitrine; des fleuves de sang tourmentèrent mon sein et coururent tumultueusement s'amasser autour de mes tempes ; ma tête s'embrasa ; en elle je sentis quelque chose se briser ou comme se détendre ; il y eut entre les puissances les plus intimes de mon être un choc terrible ainsi que celui d'une machine qui se désorganise. Je me laissai choir. Je devins insensible, immobile, pétrifié. Nul sentiment d'agitation n'apparaissait sur ma figure : seulement d'un œil sec, ardent, stupide, je contemplais la pâle figure de la défunte, la suivant sans cesse dans tous les mouvements qu'on lui faisait subir de ce regard dévorant dans lequel semblait avoir passé toute ma vie. Je gardai cette immobilité effrayante durant tout le jour, durant toute la nuit qui le suivit. On ne me troubla point ; on n'essaya pas de me consoler, craignant peut-être quelque chose de tragique. Des mouvements fréquents, les chants de la mort, tous les préparatifs funèbres, enveloppèrent ma longue et sombre rêverie. On emporta les restes de ma fille au lieu de leur éternel repos. Je ne me levai point ; je n'accompagnai pas le convoi funèbre. Trois jours et trois nuits durant, je restai dans ce même état, dans cette même attitude, cherchant de mon œil brûlant quelque chose que je ne trouvais plus, toujours immobile et l'on eût dit calme. Mes passions ténébreusement profondes s'étaient retirées au fond de mon âme, comme ces orages que l'on voit quelquefois se retrancher derrière des régions obscures et lointaines. Cependant de temps en temps quelque chose de violent, de terrible, semblait passer par ma figure sombre, ainsi qu'à l'approche des tempêtes de noirs nuages traversent le ciel tourmenté.

A la fin du troisième jour, comme sortant tout à coup de mon sommeil, je me levai impétueusement. Je sortis ; je me précipitai dans la campagne. C'était le soir : j'étais seul, et malheur à quiconque aurait voulu me suivre. Je courus ; d'instinct je devinai le lieu et la place où l'on avait enseveli la défunte. Je me mis à fouiller la terre. Il apparut quelque chose ; je frémis : je violais l'asile de la mort. Mais qui pouvait arrêter mes mains sacrilèges ? Je continuai... je la vis... c'était elle... insensé ! quel sommeil je troublais ! C'était elle... je m'arrêtai... Longtemps, de mon regard avide et stupéfait, je contemplai le sein de la vierge et son front penché en son lit éternel ; puis, lentement, lentement, j'inclinai vers la tombe muette ma poitrine ravagée, et, avec des tumultes immenses, je saisis entre mes bras la mort épouvantée. J'étreignis avec des mouvements effrénés des restes sans vie que le souffle embrasé de mon cœur ne put ranimer. C'étaient cependant les restes de ma fille ! Mais Angélie était l'enfant du malheur et la prédestinée du ciel. Je la déposai ensuite sur mes genoux, et prenant sa tête entre mes mains, je me mis à la contempler de nouveau. Retirée de dessous les rideaux du sépulcre, Angélie était encore belle, et la terre avait gardé pure la fille du désert, et la mort semblait avoir respecté la vierge endormie.

Tout à coup, une étrange idée me traversa l'esprit. Le désert... le désert... elle dormira avec sa mère... L'extravagance était sans nom, l'entreprise folle, les difficultés énormes. Mais étais-je capable de comprendre, de mesurer tout cela ? Je ne m'arrêtai à aucune réflexion. Du pied je repoussai dans la tombe vide la terre inhospitalière, et, chargé du poids sacré de la mort et de l'immense fardeau de la vie comme de deux mystères profonds et terribles, je partis, emportant Angélie et entraînant avec moi toutes mes douleurs vers les profondeurs de la solitude. Il y avait de la folie sans doute dans mon action ; mais il y avait aussi quelque chose de si pieux, de si vaguement triste, je dirais presque de si sublime, qu'en le rencontrant sur les voies du désert, on eût peut-être pardonné au malheureux, à l'insensé père d'Angélie.

Alors commença cette course folle, indicible, incroyable, de la douleur et du désespoir. Je me dirigeai du côté du désert. Je marchai, je courus, je me précipitai par les lignes les plus droites, par les sentiers les plus difficiles, pressé, ardent, invincible; franchissant monts et précipices, ne m'arrêtant devant aucun péril, ne me laissant décourager ni vaincre par aucune difficulté, mais évitant toujours les lieux habités et la rencontre des hommes. Les souffrances, l'abattement, tous les besoins, toutes les nécessités, n'étaient rien pour moi : je les méprisais, je n'y réfléchissais même pas. Je défiais tout, je surmontais tout, et devant les obstacles mes forces semblaient renaître et se doubler.

Quand j'étais accablé de fatigue, je déposais sur la terre le sacré fardeau ; quand la sueur inondait mon front, je l'essuyais avec les cheveux d'Angélie que la brise solitaire répandait en ondes déréglées tout autour de mon visage comme un crêpe funèbre ; et lorsque les longueurs du voyage avaient vaincu mes forces, je m'arrêtais sous un arbre de la solitude et je réparais ces forces défaillantes et nécessaires avec des fruits que je présentais aussi à Angélie en lui disant : Réveille-toi, ô ma fille, et prends ces fruits qu'a produits le désert : tu dormiras ensuite d'un sommeil plus profond et plus doux. Mais Angélie ne prenait point les fruits que je lui présentais, et elle ne se réveillait point. Dans les ondes du ruisseau où autrefois je l'avais baptisée, je lavai maintenant le front de la vierge endormie du sommeil de la mort : et son front pur et blanc parut revenir à la vie, mais point encore Angélie ne se réveilla.

Enfin, après avoir parcouru en trois jours et trois nuits un immense espace que des mois entiers suffisent à peine pour traverser, je parvins au lieu où naquit Angélie, où reposait sa mère, et où elle devait elle aussi reposer pour toujours. En y arrivant, je m'écriai : Femme forte de la vertu et de la grâce, fille sainte des collines du Liban, je te ramène ta fille : reçois-la à tes côtés ; à tes côtés laisse-la se placer, s'endormir. Puis déposant Angélie pour la dernière fois, je lui dis : Ici au moins, ô fleur pure qu'aucune main profane ne cueillit, ici, ô vierge que la mort seule a pu épouser, tu pourras dormir tranquille dans le sein de ta mère. Mais ta mère te reconnaîtra-t-elle, elle qui ne te vit jamais? Son sein le retrouveras-tu, toi qui ne la connus point ? Ma fille, aujourd'hui au moins, au sein de la tombe vous ferez connaissance. Et en disant ainsi je me mis à creuser la terre, et à côté des cendres de la femme sainte, fille des collines du Liban, j'étendis l'infortunée enfant du malheur. Puis, sur le bord de la fosse ouverte, longtemps je m'arrêtai à considérer ma fille, toujours avec ma douleur effrayante, toujours avec mon regard aride et éperdu, et avec mon esprit malade qu'enveloppaient de plus en plus de noires ténèbres et des idées lugubres, l'entraînant visiblement vers quelque chose d'affreux.

Que l'on se figure une statue de bronze sombre ; qu'on prête à cette statue une âme avec d'immenses passions adaptées à son être et en rapport avec sa nature physique ; que l'on enflamme au sein du bronze noir ces formidables passions ; que par cette figure, au milieu des déserts, passent ensuite d'immenses orages lui jetant les vents et les agitations, et qu'en même temps sur l'effigie sombre et tourmentée viennent à se réfléter et cette âme et ses effrayantes puissances au milieu des tourbillons de l'ouragan — et l'on aura une idée de ce que j'étais, là debout, en présence des cieux brûlants, incliné sur une tombe béante, aux profondeurs des solitudes de l'antique Assyrie.

Peu à peu de noires pensées gagnèrent mon âme qu'égaraient et l'immensité de la douleur, et les dispositions de mon esprit, et les tristesses du lieu, et la perte de toute espérance, et qui surtout affaiblie, privée de la force surnaturelle et des lumières d'en haut qu'elle avait rejetées, se trouvait comme dans une nuit affreuse, marchant d'obscurités en obscurités vers quelque chose qui ne se fit pas beaucoup attendre.

Car tout à coup une ombre ténébreuse sembla me toucher : le spectre me jeta une épouvantable inspiration, et la main d'un esprit infernal m'inclina, me poussa... dans la tombe... de ma fille... pris de voluptés ineffables, les effroyables voluptés d'une mort à la seule idée de laquelle on frémit.

Insensé ! C'en était fait de moi. Cadavre vivant, je pressais déjà convulsivement, mon sein sur son sein, ma bouche sur sa bouche... un cadavre enseveli. C'en était fait pour toujours ; c'en était fait peut-être de mon éternité, quand, ô prodige ! lente comme la mort, mais douce comme l'amour pieux d'une fille, se détacha une et deux fois de son sein pacifique la main d'Angélie qui me repoussa lentement mais avec force.

Fut-ce un miracle de la grâce ? fut-ce un effet qui, bien qu'extraordinaire, rentrait néanmoins dans l'ordre des causes naturelles ? J'incline à croire que le Seigneur, malgré l'énormité de son crime, voulut encore une fois, dans sa grande miséricorde, sauver le pauvre Zacharie de la gueule des enfers, après l'avoir laissé s'y enfoncer à demi, pour lui faire comprendre peut-être à quoi s'expose celui qui, trop confiant en lui-même, ne prie pas, ne se résigne pas à la volonté de son Dieu.

Quoi qu'il en soit, ce secret avertissement de la tombe, en ébranlant fortement les puissances de mon âme, les repoussa vers leur centre d'unité, et les faisant rentrer dans leur ordre normal, me fit revenir à la raison.

Alors je compris mon danger et la grandeur de mon crime ainsi que toute l'étendue de mes infortunes. Mais ces infortunes m'apparurent sous un aspect moins désespérant. Alors le repentir de mon péché se mêlant à mes autres douleurs de la terre, les détendit pour ainsi dire et leur fit prendre un caractère plus doux, plus tendre, plus humain. Alors mes yeux, depuis si longtemps arides, s'émurent, s'ouvrirent enfin Alors, bien abondantes furent les larmes que je versai sur l'arène du désert ou dans la tombe de ma fille. Ainsi abondantes sont les pluies du matin à Galgala, ou celles du soir à Hésébon dans la solitude de Misor ; ainsi amères mais bienfaisantes sont les rosées qui viennent la nuit sur les collines fatales de Gelboé ; ainsi sous le chêne des pleurs au pied des montagnes de Béthel pleura peut-être, inconsolable, la chaste Rébecca sur le champêtre mausolée de Débora sa nourrice.

Alors mille et mille fois en pleurant, je pressai de mes lèvres brûlantes la main virginale qui m'avait sauvé ; puis, jetant enfin mes dernières paroles et mes derniers baisers sur celle que tout mon amour n'avait pu faire revivre, je repoussai le sable brûlant et la terre troublée dans le lit de la mort. Quelques instants le front et le sein de la vierge surmontèrent le flot de l'arène blanche, comme les calices de deux fleurs jumelles qu'a envahies dans un coin de la vallée l'eau d'un torrent de la montagne, surmontent le flot toujours croissant. Et quand ces dernières apparences allaient se voiler et se perdre pour toujours avec mes derniers espoirs : Dors en paix, m'écriai-je à haute voix, dors en paix, ô fille du désert ! Adieu, ô Angélie ! adieu pour toujours ! — Et je repoussai de nouveau la terre, et tout disparut.

Je revins à ma maison que je trouvai déserte. Hélas ! Qui pouvais-je y rencontrer ? Mon père n'était plus ; ma fille, je l'y cherchai en vain ; et pour le reste des hommes, bien vite ils s'étaient éloignés.

Rien ne put plus adoucir mes peines. La prière elle-même, baume de tous les maux, n'avait plus pour moi sa puissance et ses charmes d'autrefois : dans le temple saint, au pied des autels paisibles du Dieu de la paix, ma douleur semblait s'agrandir et devenir plus profonde et plus agitée ; et dans la nuit silencieuse en présence du ciel infini, mon cœur paraissait s'ouvrir à de plus grands troubles, et mes tristesses prenaient un caractère d'immensité en rapport avec les espaces sans fin qui s'épandaient au-dessus de ma tête. Hélas ! Je priais mal ; je ne savais ce que je demandais : voilà pourquoi ma prière était sans force.

Je résolus alors de quitter cette terre des infortunes et de m'expatrier encore. Mais cette terre, le malheur l'avait rendue sacrée, et je ne savais pas combien il est pénible de s'éloigner d'un lieu auquel sont attachés nos pas par les liens du malheur. Là où l'homme a jeté ses larmes les plus amères, là est sa patrie. Antique habitude de l'âme, la douleur semble avoir pour nous des attraits singuliers : fille du désordre primitif, suite et effet de cruelles privations et d'insatiables désirs dégénérés en infatigables passions et en infirmités mortelles, seule elle est ce qui nous appartient en propre, seule elle est, comme élément passif de notre être, ce qu'il y a de plus réel et en quelque sorte d'infini en nous : en elle est toute notre puissance : elle est l'os de nos os et la chair de notre chair. Voilà pourquoi elle nous attache si fort à ses pas et nous lie à ses destinées.

Qu'elle fut cruelle ma séparation de ces lieux remplis pour moi de si tristes souvenirs, remplis de tant d'espérances perdues ! Je pleurai, j'appelai Angélie, je la cherchai partout.

Mais, hélas ! seuls des êtres inanimés étaient les habitants de ma retraite désolée et les secrets témoins de mes pleurs amers. Souvent je m'adressai à eux ; plus d'une fois je leur parlai d'Angélie : et ils parurent s'attendrir, et ils semblèrent, tristes eux aussi et compatissants, s'animer et répondre : Elle n'est plus, elle n'est plus.

Que de fois je parcourus tous les endroits consacrés par les pas de ma fille ! Que de fois je m'entretins avec les objets qu'elle avait touchés, et avec cet air qui était entré dans son sein, et avec ces esprits secrets, fils de l'innocence et du mystère, qui habitèrent autour d'elle ! Mais tout me répondait : Elle n'est plus, elle n'est plus.

Durant plusieurs jours j'errai dans la campagne, pleurant tantôt sur la tombe vide d'Angélie et tantôt sur la tombe exilée de mon père. Plusieurs fois je me traînai languissant, en désordre, par tous les coins de la maison déserte ; mille fois j'embrassai le berceau de ma fille, je m'assis sur sa couche abandonnée, je touchai ce qu'elle avait touché, je baisai ce qui lui avait appartenu. Mais tout me disait : Elle n'est plus, elle n'est plus.

Puis l'heure cruelle, l'heure du départ arriva enfin. Plus d'une fois je quittai la maison qui n'avait plus d'habitants, qui ne devait plus avoir de maître, plus d'une fois j'y revins... J'y revenais, ô ma fille, et je te cherchais, et je t'appelais, et je t'attendais : mais tu ne répondais pas à la voix de ton père.

Je partis : et quand de loin, pour la dernière fois, je découvris encore le toit sacré, théâtre de mes malheurs, abri autrefois de ma fille Angélie, le toit que je quittais pour toujours, oh ! mon cœur sembla s'en aller dans des profondeurs inconnues ; je faillis m'évanouir ; bien longtemps je m'arrêtai à le considérer. Enfin : Adieu, m'écriai-je, terre des douleurs et des souvenirs ; adieu, lieux sacrés du bonheur d'autrefois ; adieu, ô toit de mes pères, ô berceau de ma fille, adieu pour toujours ! Et je m'éloignai.

Désormais l'univers entier était ouvert devant moi : mais à mon cœur il ne fallait pas moins qu'un monde, et toute la terre ne pouvait plus être qu'un éternel exil pour celui qui avait déjà deux fois perdu sa patrie.

Je me dirigeai du côté du Midi, dans l'intention d'aller visiter les terres de Syrie et de Palestine. Peut-être, me disais-je, les immenses douleurs de la fille de Sion se mêlant à mes douleurs immenses, là sur les cimes de la montagne sainte au pied de la croix, les transformeront-elles en les sanctifiant. Peut-être... qui sait ? Elle a tant de magiques charmes cette terre toute couverte de son deuil, toute pleine de ses désolations ; elle cache tant de mystères entre ses prophétiques grottes, tant d'avenir en ses horizons déployés, tant de tombes glorieuses dans ses vallées mortuaires ; elle renferme dans le passé et dans l'avenir tant de choses merveilleuses qui éclairent l'esprit, qui élèvent le génie, et qui, en versant dans l'âme de celui qui médite un poids de forces, de vertus sublimes, surhumaines, lui font élever les regards au ciel et oublier les choses d'ici-bas... Qui sait si je ne m'oublierai pas un peu moi-même ? Qui sait si, au pied du grand sépulcre où fut vaincue la mort, je ne vaincrai pas l'aiguillon de la vie, ou si, trop heureux de n'avoir plus à me réveiller, je ne m'y endormirai pas pour toujours sous les pas des générations pieuses.

Et en pensant ainsi je voyageai longtemps dans cette direction. J'avais résolu d'éviter le désert qui enfermait les restes de ma fille, le vaste désert assis avec ses collines déchirées, ses sables brûlants et ses eaux amères, en tête de la Mésopotamie assyrienne, en tirant vers l'Orient. Je voulus l'éviter, mais une fatalité cruelle m'y poussait, et après plusieurs jours de marche, je ne sais pourquoi, je ne sais comment, je m'y trouvai engagé. Je m'y enfonçai de plus en plus, tout en voulant le fuir ou ne le toucher qu'à peine, en le longeant dans la ligne occidentale.

Un soir, je voyageais accompagné de mes rêveries dans la partie septentrionale de la solitude, qui, de ce côté, se trouve semée de larges et fréquentes touffes de bois. Je marchais sous la voûte basse et déchirée d'arbres croissant péniblement sur un sol stérile. C'étaient des plantes salines, espèce de pins abâtardis assez développés en élévation, mais dont la végétation obscure ainsi que la feuille noire et toute incrustée de sel, se traînaient avec lenteur et aridité sous le vent perpétuel et brûlant.

Au fond des avenues de la triste forêt, mon regard, mille fois brisé par les troncs des arbres, aperçut une espèce de clairière assez grande et de forme circulaire. Je me dirigeai de ce côté-là. Je marchais : le seul frémissement de mes pas déchirant des herbes arides et décolorées, ou foulant des plantes flétries d'absinthe que dévorait le sol ardent, m'accompagnait. Nul autre bruit ne se faisait entendre autour de moi : seulement une fresaie, dans le lointain, jetait à la nuit tombante sa chanson plaintive, que répétait de loin, sur un ton plus lugubre, perché sur quelque arbre solitaire un hibou sommeillant. Tantôt les deux oiseaux de la nuit suspendaient leur mélodie dolente, et la solitude surprise semblait attendre. Tantôt ils reprenaient alternativement leur chant monotone, qui tombait sans variation à intervalles longs et mesurés, triste, lent, inexorable, et se perdait dans l'infini du désert dont les désolations semblaient redoubler.

La journée avait été chaude mais couverte de vapeurs agitées, et la nuit tombait obscure, silencieuse, suffoquante. Je voyageais lentement. En ma poitrine oppressée, resserré et comme à l'étroit, mon cœur se tourmentait : on eût dit que cette enveloppe qui ne pouvait le contenir, il allait la briser et s'élancer dans l'infini du dehors. A mesure que je m'avançais, quelque chose d'indéfinissable qui était là près de moi, qui grandissait sans cesse, qui m'enveloppait de toutes parts, s'avançait aussi, au milieu de toutes mes émotions, ensemble avec toutes mes tristesses qui devenaient à chaque pas plus vastes, plus profondes, ainsi que ces plages obscures que je parcourais.

Parvenu au bord de la clairière, je m'arrêtai frémissant, rempli d'une épouvante dont je ne comprenais pas la cause. Tout à coup, là devant moi, à une certaine distance, je crus apercevoir un être humain. Je m'approchai ; il me sembla reconnaître une femme. Assise sur la terre, là au centre de l'amphithéâtre des bois, parmi les sables de la plage déserte, le front penché, les cheveux épars et traînants, les bras ployés autour de quelque chose qu'elle tenait serré entre ses genoux et son sein, la femme pleurait. Elle pleurait, et d'un regard douloureux elle contemplait sans cesse l'objet qu'elle tenait entre ses bras, et comme de faibles murmures que je saisissais à peine s'échappaient de sa bouche, semblables à ces notes que l'ange de la mélancolie mêle aux soupirs des brises, le soir, à l'heure des crépuscules, près des lieux où reposent les morts. Tristes, bien tristes étaient ses lamentations ; amères comme les eaux de Mara au désert de Sur étaient ses larmes, et abondants étaient ses pleurs comme les sources de Raphidim à Oreb, ou comme au Liban, celles de Panium où prennent naissance les ondes fortunées du Jourdain. Les mystères de la nuit, le silence du désert, la voix lointaine des deux oiseaux nocturnes, accompagnaient les plaintes de l'inconnue. Tel dut être, abattu sur son tas de fumier, au milieu de la multitude de ses amertumes, le fameux Iduméen de l'Aulite, roi du pays de Hus, l'homme de l'épreuve et de la force, véritable Israël luttant contre un Archange et fort contre Dieu. Tel serait peut-être le génie de la douleur assis sur les cendres des morts en la vallée de Josaphat, ou bien soupirant mes infortunes sur la tombe d'Angélie.

Quelque chose d'irrésistible me poussa vers la mystérieuse créature. Je me sentis attiré par une inévitable sympathie. Je m'avançai vers elle, entraînant avec moi tout l'immense cortège de mes tristesses, de mes infortunes, et toutes les fatalités de ce cœur orageux, où s'amassaient à chaque as de violentes frayeurs et des sensations déréglées. Elle sembla ne s'apercevoir de ma présence que lorsque je fus à quelques pas d'elle.

Mais dès que je fus là, je me troublai ; ma langue s'embarrassa ; mes lèvres tremblèrent, et de mon sein ne purent sortir qu'avec peine, comme d'une tombe creuse, ces paroles brèves, saccadées : Femme, pourquoi pleures-tu ? Femme, quels sont tes malheurs ? Elle regarda ce qu'elle tenait entre son sein et parut le serrer plus fortement, mais elle ne répondit pas. Mon épouvante augmenta. Je répétai ma demande : la voix sortit avec effort, rauque et caverneuse, de ma poitrine sourde ; les pulsations de mon cœur furent plus fortes, plus pressées, mes pensées, plus éperdues, et plus agitées et plus vastes je sentis devenir mes tristesses. Mais la femme garda le même silence.

Alors des flammes ardentes, des passions hors de nature, s'emparèrent de tous mes sens. Tout mon sang s'enfuit, brûlant et écumeux, par mes veines soulevées. Dans mon sein qui se brisait, ce n'étaient plus des troubles, des frayeurs, c'était un orage de feu. Quelque chose à quoi je ne saurais donner un nom me précipita vers l'être mystérieux que j'eus besoin d'étreindre dans mes bras, de presser sur mon cœur avec des violences effrénées, au milieu de voluptés ineffables. J'allais unir, sous la nuit sombre, dans l'immensité des déserts, les infortunes avec les infortunes ; j'allais marier, dans une union tumultueuse et dans des amours sans nom, les douleurs aux douleurs, comme l'infini à l'infini, comme à des abîmes d'autres abîmes plus profonds, où désormais put se reposer mon âme ou se perdre à jamais.

Je m'élançai. C'en était fait de la femme du désert, si toutefois c'en était une : en tombant sur ma poitrine embrasée, en passant par mes bras devenus dévorants, elle elle eût été suffoquée ou brisée. Mais je ne la trouvai plus à sa place, et la cherchant d'un œil avide et ardent, je la vis qui se retirait, plus triste, plus désolée.

Mais, ô délire de mon esprit troublé par un fantôme ! au moment où elle disparaissait, je crus reconnaître en elle mon épouse, tenant étroitement serrée contre son sein sa fille Angélie encore endormie dans son sommeil, pâle et sereine comme au jour où la mort l'avait épousée. Même je crus entendre, douce et triste comme une mélodie de la tombe, une voix que m'envoyait lentement, en se perdant dans la forêt, l'ombre chérie, et qui disait: Angélie Angélie. Cette voix me frappa comme un souvenir lointain et sacré : c'était sa voix : c'était elle.

Hélas ! Une deuxième fois je faillis perdre la raison. Je jetai des cris immenses, multipliés, qui troublèrent le silence et la paix de la solitude. Je m'élançai après le fantôme qui s'était évanoui, en répétant : Angélie, Angélie. Je me précipitai violent, furieux, hors de moi. Je courus je ne sais plus dans quelle direction, sous des impulsions insensées, avec une impétuosité sans règle et sans frein. Je courus toute la nuit ; je courus les deux nuits et les deux jours suivants, sans trêve, sans repos, éperdu, effaré, ne choisissant aucun chemin, ne délibérant devant aucune difficulté, ne mesurant aucun danger, ne prenant aucune nourriture, ne me désaltérant à aucune source, traversant tous les torrents que je rencontrais, me jetant à travers tous les précipices qui s'opposaient à mes pas, franchissant bois et montagnes, dévorant de vastes espaces, toujours l'œil ardent, la tête nue, la poitrine desserrée et élargie, au milieu des ardeurs brûlantes et des vents embrasés que je ne sentais même pas ou que je méprisais, durci comme du fer, infatigable comme mes douleurs, implacable comme une ombre déchaînée ou comme une fatalité sinistre, et criant sans cesse d'une insatiable voix : ô Angélie, ô mon Angélie ! Mais toujours, seuls, les échos des déserts répétaient : ô Angélie, ô mon Angélie ! Plusieurs fois je troublai les ondes pacifiques de la solitude qui s'en allèrent plus rapides, plus gémissantes ; plusieurs fois, sur les cimes des monts, je pressai entre mes bras ardents les troncs des vieux arbres : et je les ébranlai, et je crus les sentir palpiter sur mon sein ; plusieurs fois je soulevai, je serrai contre ma poitrine des rochers énormes : et les rochers froids et durs, il me sembla les embraser, presque les animer.

O trouble de mon esprit ! ô délire de mon cœur ! ô malheureux homme du péché ! Insensé ! Je cherchais un soulagement à l'immense poids qui m'accablait, et je m'imposais des fardeaux plus immenses ; j'avais besoin de voir, et je me jetais dans les ténèbres ; j'étais infirme, et je cherchais le salut dans de plus grandes infirmités. Insensé ! Je n'avais pas su me résigner ; je m'étais révolté contre la volonté du Seigneur : et le Seigneur m'avait puni en me laissant à moi-même : et j'étais tombé dans des folies sans nom et des désordres sans exemple.

Mais, ô bonté de mon Dieu ! Ce sont là de vos coups, Seigneur, à vous qui vous plaisez à opérer des prodiges dans les cas les plus désespérés. Les hommes abandonnent l'homme coupable, et ils le fuient infortuné, et faible ils le persécutent. Mais vous, Seigneur, vous venez à nous dans nos besoins, dans nos malheurs, dans nos crimes mêmes : à nous vous accourez, ou bien vous nous attirez à votre cœur : et quand nous vous croyions le plus éloigné, vous vous montrez à nos côtés pour nous sauver, pour nous consoler.

Le Seigneur ne m'abandonna pas, et quand je fus le plus plongé au fond de l'abîme, à demi noyé dans les eaux de la mort, il vint à moi. Arrivé à la fin du troisième jour de ma course folle aux lieux inhabités où fut Palmyre, je tombai, et du milieu de ces ruines que les siècles ont blanchies j'espérai ne devoir plus me relever.

Ce fut alors que Dieu eut pitié du fils de l'infortune. Ce fut alors qu'il m'envoya ses grâces les plus belles et ses dons les plus sublimes, pour me faire comprendre peut-être que tout est gratuit chez l'homme, enfant du péché et de la mort.

Or, en ce temps-là, le Seigneur Dieu guérit l'esprit du voyant de Juda, et il fortifia son cœur, et il éclaira ses yeux, auxquels il ouvrit les sources des divines lumières, en leur révélant les mystères de l'avenir.

Je fus transporté en esprit. Et je vis de grandes visions. Et voici ce que je vis.

DEUXIÈMES PAROLES DE PROPHÉTIE SUR L'EMPIRE D'AQUILON

I

1. Au fond des mers australes, aux dernières limites du monde, entre ces cercles éternellement glacés de l'axe qui voit l'étoile immobile du Midi, le globe fut ébranlé.

2. Réchauffés, les froids océans s'émurent, bouillonnèrent, et au fond des gouffres soulevés de ces mers à jamais inconnues, de formidables bruits s'entendirent qui montaient, montaient avec des désordres effrayants, bouleversant les abîmes tourmentés et secouant fortement la terre épouvantée et flottante.

3. Et quand tous ces bruits furent tumultueusement amassés à des distances encore énormes de la surface qui frémissait, ils éclatèrent, brisant et rejetant l'enveloppe glacée, comme éclate la lave souterraine en emportant les entrailles déchirées des morts qu'elle lance en ondes fuyantes de flammes ou qu'elle répand en pluies dévorantes de feu.

4. Alors, d'entre ces lieux que couvre la nuit éternelle, je vis sortir et s'élever comme un immense et ténébreux

tourbillon qui se jeta sur le monde : c'était le fils de l'abîme, Satan.

5. Il venait faire son tour pour préparer ses conquêtes dernières, pour s'emparer de la création et y établir définitivement son règne.

6. Il apparut : je le vis : ses formes étaient vagues, obscures, effrayantes ; sa face était toute dévastée ; son regard était comme un astre embrasé que l'on voit au fond des cieux dans une nuit ténébreuse ; sa gueule ressemblait au cratère fumant de volcans.

7. Il s'élança à travers les mers qu'il parcourut par bonds inégaux et démesurés, suivi du funèbre cortége des enfers. Il précipitait son vol désordonné : devant lui marchaient la nuit et la mort, après lui les douleurs et le désespoir sans fin, et tout autour de son front tout sillonné par les foudres vengeurs de Jéhovah, mais qui s'élevait superbe encore et menaçant au milieu des ténèbres qui l'enveloppaient, grondaient de continuelles tempêtes.

8. Sur son passage les ondes s'enfuyaient pleines d'écume, les gouffres s'entr'ouvraient en frémissant, les îles s'enfonçaient.

9. Il remonta les océans glacés et passa, semblable à un tourbillon d'ouragan, par toutes les lignes inférieures des mers du Midi, se dirigeant du côté de l'Orient, pour décliner ensuite vers l'Occident.

10. Et je lui vis traverser en quelque bonds toutes les mers australes, et toutes les îles du monde maritime, et toutes les ondes de l'océan Pacifique qui se troubla ; et il alla aborder à la pointe méridionale du Nouveau Monde sur les côtes désolées de l'île du Feu.

11. Là, sur le cap des orages, il s'arrêta un instant comme pour se confirmer dans son entreprise. Puis jetant une malédiction à la terre et un blasphème aux cieux, il

s'élança dans la mer universelle et se dirigea vers les régions boréales.

12. Il courait, le fils de l'abîme, il courait en la présence du ciel, sous les regards du jour, entre les mers troublées et autour des terres frémissantes, comme un lion dévorant qui tourne autour de la proie : et il ne s'arrêtait pas.

13. Et il longea toutes les côtes occidentales de deux grandes péninsules inconnues autrefois aux hommes mais non à Dieu : en un instant il tourna le promontoire de Michel la Sainte, dépassa les îles du Vent, parcourut tous les flots d'Antilia la recherchée, toucha à Panama brûlant et resserré, qui fut prêt, en se dilatant, à déchaîner les deux Océans.

14. De là, hâtant toujours sa course, il franchit avec rapidité la langue de la féconde Floride, les îles du Sable, les terres Neuves, les côtes du Groënland, les rochers des Eskimaux, et entra obscurément et à vol désordonné dans l'océan aux rives inexplorées du pôle supérieur qu'il parcourut dans toutes ses étendues, passant par toutes les latitudes hyperboréennes des deux mondes, touchant à toutes les îles désertes, à tous les rivages froids, et surtout à toutes les côtes désolées de la triste et stérile Sibérie.

15. Mais arrivé à Zemlia la nouvelle terre, le fils de l'abîme s'arrêta une deuxième fois ; et je vis que, tourné du côté des terres, il contempla longtemps l'empire qui s'étendait dans toutes les régions de l'Aquilon.

16. Il le contempla, assis là devant lui, vaste, puissant, dominateur, entouré de son réseau de monts, de lacs, de fleuves, comme d'un cercle de chaînes indestructibles ; il contempla son immense étendue, et ses cités orgueilleuses, et ses redoutables forteresses : son cœur se réjouit, et il frémit de plaisir, et il fit un mouvement comme pour se précipiter vers l'empire superbe ; mais il se retint, et il dit : C'est bien. C'est là que j'ai établi...

17. Satan n'acheva pas, car il reprit sa marche à travers les mers, franchit les derniers cercles du pôle de Borée, et, dépassant les côtes de Scandinavie, il se plongea dans la mer universelle qu'il parcourut comme un trait, en marchant du septentrion au midi et en côtoyant Calédonie l'antique, et Albion la noble, et toutes les côtes vertes de la Lybie.

18. Il tourna enfin le cap de l'Espérance, remonta rapidement toute la mer des Indes, entra par *les portes du deuil* dans le détroit de Diré, et de là dans *le golfe rouge* qui élargit son sein fatal, et repoussa vers l'Orient et vers l'Occident l'Afrique et les Arabies.

19. Après quoi je vis le noir archange bondir et d'un coup se lancer dans le lac de soufre qui est assis sur Sodome et Gomorrhe, filles de prostitution.

20. Ainsi à travers toutes les eaux, Satan avait fait le tour de la terre. Toutes les côtes qu'il avait touchées étaient devenues stériles ; sur tous les flots qu'il avait traversés s'était ouvert un sillon empreint de couleurs qu'on ne connaît pas en ce monde et marquant la trace de son passage, tandis que les poissons des mers étaient morts de mort quand l'esprit des ténèbres avait été porté sur les eaux.

21. Mais dès qu'il fut tombé dans le *lac mort*, le fils de l'abîme s'enfonça, reparut, s'enfonça encore et reparut de nouveau : les gouffres qui tâchaient de l'entraîner ne le purent engloutir, et je vis enfin son front s'élever au-dessus des flots, et j'entendis qu'il parla, et il dit :

22. J'ai fait mon tour, partout je règne. Mais... ce signe, ce signe — et il regardait avec une noire fureur la colline sainte de Golgotha — non, je ne serai fort, mon règne ne sera paisible que quand j'aurai abattu par la racine cet arbre d'ignominie : c'est là qu'est la force de mon ennemi.

23. La Croix... La Croix... ce mot brûle mes lèvres... Mais l'heure est venue : ce mot, je vais l'arracher pour toujours de la bouche des hommes ; cet arbre, je l'extirperai

des racines de la terre, et sous mes pieds, dans les abîmes, je foulerai l'infâme signe.

24. L'heure est venue. Je pourrai enfin m'élever dans les hauteurs éternelles d'où me chassa le tyran, et m'asseoir sur ce trône sublime que j'ambitionnai autrefois.

25. Je pourrai... mais... infortuné!... Non, le ciel n'est plus pour moi, et un soupir sembla s'échapper de son sein; puis il reprit aussitôt : Eh bien, oui, guerre, éternellement guerre...

26. En attendant, tout est préparé : l'heure suprême arrive, le combat va commencer. Mes ministres... le dragon...

27. Réjouissez-vous, ombres de mon empire! Notre règne va commencer... Tremble, ô terre! O cieux!... malédiction à vous...

28. Qu'il règne là-haut le despote dans son empire solitaire sur un petit nombre d'enfants et de vieillards Pour moi je suis le roi du monde, je suis le dieu des abîmes : mon royaume, ce sont les ténèbres, mon trône, c'est la mort, mon sceptre le désespoir, mon étendard la révolte, ma couronne le mal.

29. Satan, Satan, lève-toi, Dieu des enfers.... Guerre, éternellement guerre...... que le bien périsse sans retour..... triomphe éternel au mal!

30. En entendant ces paroles je fus saisi de tremblement et de faiblesse, et je tombai par terre, et je m'écriai : Votre bras, Seigneur, votre bras?

31. Mais en ce même moment je sentis sur moi l'attouchement d'une main invisible : toute ma chair frémit; le sang de mon cœur se répandit et courut rapidement à travers mes artères soulevées, et la moelle de mes os fut remplie d'une chaleur ardente.

32. Après cela je me sentis fortifié. Et comme j'étais toujours prosterné à terre, j'entendis qu'une voix me dit : Fils des prophètes, ne crains rien, car ce que tu vois c'est

moi le Seigneur Dieu qui le montre à tes yeux, afin que tu voies et que tu parles, et que la terre soit instruite par ta bouche des choses qui doivent venir.

33. Les heures sont déjà comptées et le jour approche, le jour de la vie et de la mort qui est le jour du Seigneur Dieu : le Seigneur sera justifié et sa main ne sera point vaincue.

34. Fils des prophètes, lève-toi et continue à voir ce qui est et ce qui doit être.

35. Après cela la main invisible me toucha encore. Alors je me sentis fort et courageux, et je me relevai, et je vis.

II

1. Je vis que deux hommes sortirent de l'une des bouches qui sont dans les têtes du dragon, et ils traversèrent tous les pays de Mahomet, le fils du fanatisme : d'abord les pays qui sont vers l'Occident dans la partie d'Europe, et ensuite ceux du Midi dans l'Asie féconde mais désolée..

2. Ils portaient dans leurs mains une croix renversée; ils se précipitaient, audacieux, violents, sur leur chemin, et à tous ceux qu'ils rencontraient ils criaient : Nous combattons pour le Christ. — Venez.

3. Soyez avec nous. Les princes de l'Aquilon vous rendront libres et heureux; notre grand roi vous bénira et vous serez bénis. Nous combattons pour le Christ. — Venez.

4. Et ceux à qui ils disaient ces choses étaient très-nombreux; et ils étaient les ennemis de Mahomet, le fils du fanatisme; et ils se disaient les anciens et vrais fidèles du Christ : mais ils adoraient la croix renversée.

5. Or dès qu'ils virent la croix renversée dans les mains des deux hommes du dragon, ils s'approchèrent d'eux et ils répondirent : Oui.

6. Puis ils s'écrièrent : Dieu est Dieu et César est son prophète; nos pères les patriarches sont les ministres du Seigneur, mais César est son grand-prêtre : que César soit notre roi et qu'il soit le Pontife premier et universel;

7. Mais qu'il nous délivre de nos ennemis, qu'il nous délivre surtout des faux adorateurs de la croix, les fils de Rome, qui sont nos premiers et nos plus grands ennemis. Nous louons César, nous le bénissons, nous l'adorons. Oui.

8. Et en disant ces mots, ils baisaient les pieds des deux hommes qui s'en allaient en riant sous leurs mains.

9. Mais les deux hommes du dragon marchaient toujours : et je les vis arriver sur les bords du lac de soufre. Or Satan vint à eux et leur dit : Vous voici, mes ministres. C'est bien.

10. Puis leur montrant de la main Jérusalem, ville des fatalités : la voilà, dit-il, allez, couvrez-la de ténèbres; ouvrez des abîmes au milieu de ses enceintes; emparez-vous de toutes les pierres de ses sanctuaires, de tous les vases de ses autels, de toutes ces choses viles qu'on appelle sacrées, et répandez-y ensuite la terreur, les pleurs et les désolations.

11. Moi, je vais m'élancer sur les cimes du mont maudit, et... vient le jour, murmura-t-il entre les cavités livides de sa bouche, où, jouet de ma fureur, jetées et traînées dans la fange, toutes ces choses vont descendre dans les enfers — Et il disparurent tous les trois.

12. Alors je tournai les regards du côté de la ville des désolations; et sur la cime du Golgotha je vis un esprit céleste.

13. Debout devant la croix, dans l'attitude solennelle de la contemplation, enveloppé de silence et de paix, et comme perdu dans des élévations sublimes, il tenait les regards sans cesse attachés au signe saint élevé sur le mont célèbre du sacrifice.

14. Tout chez lui était en rapport avec la nature des choses qui s'étaient passées en ces lieux ; tout en lui révélait l'esprit des cieux, sentinelle divine veillant sur le dépôt sacré et gardant l'enseigne du salut.

15. De saintes tristesses étaient répandues sur son visage, mais dans ces tristesses il y avait une profondeur de sérénité ineffable et quelque chose de sublime qui ressemblait à un triomphe éternel.

16. Depuis dix-huit siècles il était là : tantôt immobile et comme absorbé par de profondes méditations, il semblait repasser en lui-même l'histoire merveilleuse de l'Homme-Dieu, et méditer les énigmes de ses douleurs et les immensités de son amour ;

17. Tantôt, le regard levé vers le ciel, il paraissait perdu dans des extases divines; et tantôt, se couvrant le front de ses deux ailes blanches comme les neiges des sommités de Saron, il voilait des pleurs qui coulaient de ses yeux : quelquefois aussi, considérant ces traces que laissèrent aux vallées de la terre les pieds du pèlerin des cieux, l'Esprit semblait attendre.

18. C'était l'ange du Calvaire; c'était le gardien de la croix. Il était là depuis le jour mémorable des consommations.

19. En même temps je vis une autre vision. Je vis, assise dans la poussière avec ses cheveux épars et sa tête sans ornements, la fille de Sion : ses mains étaient débiles, sa tête languissante, son front couvert d'ignominie, et ses yeux remplis de larmes.

20. La fille de Sion avait péché : nombreuses comme les étoiles du ciel, profondes comme les maladies de la mort, étaient ses iniquités : c'est pourquoi le Seigneur avait détourné loin d'elle la lumière de ses yeux et la force de son bras ; et il l'avait abandonnée aux douleurs de son âme, grandes comme les flots des mers.

21. Es-tu rassasiée de ton pain d'amertume, ô reine

malheureuse toi autrefois la maîtresse des nations, belle en ta puissance, forte en ta majesté, mais devenue maintenant une vile esclave qu'ont tour à tour soumise et rejetée cent maîtres barbares après l'avoir violée ?

22. Ils ont humilié tes reins, ils ont souillé le bandeau de ton front, tes amants cruels et impies ; des étrangers ont possédé ton cœur insensé ; tu es descendue dans toutes les vallées, et sous les feuillages de tous les arbres tu t'es prosternée toi, la vierge de Sion.

23. Quelle est cette fille que l'on a dépouillée et enchaînée et battue de verges ? Je t'ai vue, ô vierge de Sion, je t'ai vue, jetée toute nue sur les places publiques et sur les chemins des nations : et ton corps a été exposé aux regards de tous les passants, de sorte que toutes tes souillures ont paru aux yeux de tout le monde : il ne se trouve plus rien de sain ni de pudique en toi, ô fille de l'iniquité.

24. Où sont tes vêtements, ô fille de la prostitution ? Qui lavera la ceinture de ton sein ? qui bandera tes plaies, qui couvrira tes nudités, qui remettra à ton doigt l'anneau de ton fiancé ?

25. Tu l'as quitté ton fiancé, tu as quitté sa tente du désert, et tu t'es enfuie avec les jeunes gens de l'Egypte qui t'ont délaissée dans toutes les voies solitaires et entre les eaux de tous les fleuves ; mais reviens à ton fiancé, reviens, ô fille abandonnée, sous la tente du désert.

26. Lève-toi, ô fille de Sion, lève-toi, vois tes vallées désertes, vois tes cités désolées : la gloire de Sion n'est plus : les tours de Jérusalem sont tombées ; ses portes sont brisées et assises sur la terre ; ses autels dépouillés, profanés, sont dans la douleur et l'épouvante. Lève-toi, ô fille de Sion, lève-toi et pleure.

27. Mais les pieds de la fille de Sion étaient sans vigueur : et à force de gémir, et à force de pleurer, ses yeux n'avaient plus de larmes, son sein n'avait plus de soupirs.

28. Cependant ce jour-là la fille de Sion semblait avoir retrouvé la veine de ses pleurs, et elle pleurait abondamment.

29. Alors j'entendis au dedans de Jérusalem de grands cris et des hurlements de fureur et des paroles de blasphème, et en même temps des gémissements et des accents de prière. C'étaient les bruits d'un grand combat, d'une lutte suprême entre la mort et la vie, entre les ministres de Satan que j'avais vus se précipiter dans la cité des douleurs, et les vrais adorateurs de la croix.

30. Et ils combattaient : et la vraie religion du Christ combattait contre une religion nouvelle montée du puits de l'abîme ; et elles se disputaient la pierre d'une tombe d'où sortaient des fleuves d'eau vive qui couvraient la terre de leurs eaux bienfaisantes et en repoussaient la mort prête à s'abattre sans cesse sur le monde comme un vampire dévorant.

31. Cette pierre était celle que remua, aux jours des miracles, un ange resplendissant sur le sépulcre glorieux du Galiléen.

32. Or la religion nouvelle montée du puits de l'abîme mais qui se disait la vraie religion du Christ, voulait fermer la tombe et tarir les fleuves d'eau vive ; et elle voulait, assistée des ministres du dragon fils de Satan, briser la pierre du sépulcre, et, de ses débris, bâtir la cité du mal où dussent régner, éternelles, les chaînes de toutes les tyrannies et les ténèbres de tous les enfers.

33. Plusieurs fois, dans ces mêmes lieux, elle avait attaqué son adversaire, la fille des cieux, et elle l'avait affaiblie : cependant elle n'avait jamais pu s'en délivrer tout à fait ; mais maintenant que toutes ses forces étaient concertées dans un plan formidable, et que sa rivale, privée de tous les moyens terrestres, semblait ne devoir plus résister, elle

se flattait de triompher définitivement. Et l'on combattait, et les nations étaient dans l'attente et la frayeur.

34. Tout à coup j'entendis des cris de triomphe, et des applaudissements, et des voix qui criaient : Mort, mort à l'infâme. Et d'autres voix répétaient : Mort, mort. Ensuite les ministres du mal, levant le masque, disaient : Victoire à nous, gloire à César : et les abîmes répondaient à ces paroles par ces paroles : Victoire à Satan, gloire aux enfers.

35. La cité de David fut dans la consternation ; toutes les maisons de Juda furent pleines de tumulte et de désolation ; les grottes des prophètes poussèrent des gémissements; les larmes de la fille de Sion redoublèrent, et l'ange du Calvaire se couvrit de ses ailes.

36. Alors le fils de l'abîme, l'audacieux Satan, s'élança sur la montagne sainte pour enlever l'étendard sacré.

37. Mais l'esprit gardien du Golgotha souleva une de ses ailes : ses yeux roulèrent comme deux roues ardentes, et Satan disparut avec tout le cortége des enfers. En même temps les ministres du dragon et de Satan perdirent une grande partie des avantages qu'ils avaient obtenus.

38. Et la croix resta toujours à sa place.

III

1. Comme un de ces effrayants météores qui troublent la paix des rois et des peuples, et qui parcourent, pleins de feu et de colère, les immensités des cieux, ainsi des hauteurs de la montagne sacrée disparut l'ange des enfers.

2. Il disparut, vaincu mais non pas découragé, car il n'abandonnait pas son œuvre.

3. Et un instant après je le vis sur les bords du lac Amer, à l'orient de la mer d'Hyrcanie, dans les steppes inhabités de Karizm.

4. Là, entre des rochers sombres et déconcertés surplombant des abîmes noirs où entrent et se perdent des flots perpétuellement gémissants, se trouvait une caverne.

5. C'était en ce temps-là la demeure du pasteur turkoman, le pasteur des loups de la horde d'or, au pays des Khirghiz, le faux prophète qui prophétisait quelquefois la vérité.

6. Et je vis que Satan, le dieu du mal, appela le faux prophète; et l'emmenant avec lui il lui dit: Fidèle serviteur, prépare ta bouche. Viens, prophétise: bénis et maudis: bénis l'empire de l'Aquilon; mais, de malédiction, maudis l'épouse de la prostitution et du sang qui s'est assise là — et il montrait l'occident — dans la ville déchue et sur le trône qui fut à moi :

7. Entre les bras de son infirme vieillard qui sied et règne, tenant sur sa tête méprisable une triple couronne, elle s'est assise la prostituée.

8. Et en disant ainsi Satan emporta le sombre habitant de la caverne du lac Amer; et il le mena sur la cime élevée de Bolor, entre les pays de Sin et les déserts du Tartare errant, au centre du grand plateau asiatique le plus élevé de la terre, et de la ceinture duquel se détachent toutes les autres montagnes de cette partie du monde.

9. Là, montrant au prophète de Turkomanie tous les royaumes de la terre, avec une féroce joie il dit: Voici, bientôt tout cela est à nous: bouche de la prophétie, prophétise: bénis et maudis.

10. Mais je vis que la bouche du prophète était impuissante: elle s'agita; elle devint horrible et elle s'ouvrit; mais il n'en sortit que des murmures confus et des paroles inintelligibles; et elle se remplit au dedans et au dehors d'écume jaune et verte; et il ne put prophétiser.

11. Alors le dieu du mensonge l'emporta sur le sommet d'un autre mont, le sommet d'Ararat, où descendit l'arche

sainte de Noé, fils de Lamech, fils de Mathusalem ; et là, tourné vers le grand empire de l'Aquilon qui déjà touchait de près à la racine du mont antique, il lui dit : Le voici : bouche des prophètes, prophétise et bénis.

12. Et je vis encore que la bouche du prophète faux s'agita longtemps : et toute sa face fut prise comme par des convulsions horribles ; et de ses lèvres, et d'entre sa bouche pleine de la même écume jaune et verte, il sortit enfin une espèce de strideur sourde et sinistre avec ce mot : Malédiction.

13. Malédiction sur toi, hurla l'ange des ténèbres, et il fit un mouvement comme pour précipiter et briser le prophète du malheur contre les rochers de la montagne.

14. Mais il ne le précipita point, car, franchissant d'un bond toutes les latitudes froides, une troisième fois il le traîna avec lui, et il le mena sous le pôle glacé.

15. Et là encore, du haut d'un tourbillon s'élevant comme une noire montagne entre les solitudes illimitées de la mer paresseuse, il lui montra le grand empire de l'Aquilon.

16. Et il lui montra les nations de l'Occident, celles qui sont assises dans la vraie voie et la vraie lumière et la vraie vie, et il lui montra l'étendard sacré arboré sur le Capitole de la ville sainte des miracles, et pour la troisième fois il lui dit : Bouche des prophètes, prophétise : bénis et maudis.

17. Mais le pasteur de Kharizm, prophète qui quelquefois prophétisait vrai, tournant une troisième fois son regard agité sur l'empire d'Aquilon, devint tourmenté dans toute sa figure ; et tandis que d'affreux murmures grondaient dans sa poitrine et au milieu de sa bouche pleine de sang noir et de bave impure et d'écume jaune et verte, il voulut parler, mais il ne put articuler aucune parole intelligible.

18. Puis, se tournant vers la ville éternelle du Vatican, la cité de la lumière, il contempla ses monuments nom-

breux, et ses grandeurs immortelles, et toutes ses beautés transformées et sanctifiées, et l'étendard divin déployé et flottant sur le Capitole d'Auguste, et ce trône sacré que dix-huit siècles de combats n'ont pu ébranler, qu'ont consacré dix-huit siècles de triomphes;

19. Et à la vue de toutes ces choses, la figure de l'homme sinistre parut s'adoucir péniblement et devenir même, contre son gré, sereine et radieuse.

20. Et il s'écria: Comme elle est belle, la tente de Pierre, le Galiléen! Comme elle est belle, l'épouse sainte des combats et de la victoire assise sur le lit de son époux, le lit de cèdre que son époux lui a préparé!

21. Sous sa tête est la main gauche de son bien-aimé, mais de sa main droite son bien-aimé l'environne et l'embrasse. L'époux est venu les champs d'Ephrata; il s'est reposé sous la tente des filles de Nazareth, et c'est là que sa bien-aimée l'a rencontré. Mais l'épouse est venue de l'aurore, et elle est venue du couchant, et elle est montée du désert, appuyée sur son bien-aimé, pleine de délices et semblable à une fumée de parfums qui sort de la myrrhe et de l'encens et qui s'élève de la montagne des aromates.

22. Qu'il est beau le lit de l'époux fait avec le bois du Liban! Ses colonnes sont d'argent, son reposoir d'or, ses degrés de pourpre, et le dedans est formé de tout ce qu'il y a de plus précieux dans les tentes de César et dans les pavillons de Salomon, le jour ou sa mère le couronna de son diadème.

23. Comme tu est belle, ô Sulamite, quand tu dors dans le lit de ton époux! Comme tu es forte quand tu te réveilles, forte comme des chœurs de musique dans un camp d'armée!

24. O filles de l'étranger, ne réveillez pas la Sulamite, car son sommeil est doux comme le vent du midi dans les jardins plantés de cinnamome et d'aloès, et son amour est fort comme le vin du cellier où l'a introduite son époux.

25. Mais son réveil est terrible comme le réveil des lions au haut des monts de Sanir et comme les pieds des léopards sur la pointe d'Amana, et il est sans crainte comme les portes de la victoire : ne la réveillez pas, ô filles de l'étranger.

26. Mais quelles sont ces visions que je vois ! Que veut dire cette robe teinte de sang qui part des collines de Sion et qui marche portée par quatre esprits sur toutes les régions de la terre ! Et tous ces étendards qui viennent de l'Occident pleins de force et de lumière !...

27. Lève-toi, ô Rome, pousse des cris de joie... Ta triple couronne, ô... Le faux prophète ne put achever : Satan jeta vers le monde et vers les cieux des malédictions effroyables, et prenant le prophète de mauvais augure, il le lança dans l'Océan immobile qui, s'ouvrant, l'engloutit.

IV

1. Furieux, l'Archange de l'orgueil et des ténèbres se précipita vers le dragon.

2. D'abord il marcha sur les queues frissonnantes du monstre, et ensuite sur la partie inférieure de son dos, en inclinant vers le côté occidental de l'aile droite.

3. Or dès qu'il fut près du grand trône, il s'arrêta, et d'une voix lourde et saccadée, pareille à la voix rugissante d'un tonnerre que répéteraient mille échos caverneux,

4. Il dit : C'est l'heure; et il répéta trois fois : C'est l'heure. Ces paroles firent d'abord frémir tous ceux qui étaient là, mais ensuite elles leur inspirèrent une indicible frénésie, et celui qui était assis sur le grand trône se leva.

5. Je le vis debout, sur son trône entouré d'autres trônes, déployé dans toute sa formidable majesté, et tenant une couronne et une lance et des chaînes.

6. Il avait sept fois plus d'audace et de force et de colère que les autres hommes que j'y avais déjà précédemment vus ; il était sept fois plus grand, plus puissant, plus superbe ; sept fois plus cruelles, plus orageuses étaient sa tyrannie et ses passions, et sept fois plus sublime était son génie qui était le génie du mal : mais son impiété et son hypocrisie étaient plus grandes septante fois sept fois.

7. Il se leva : sa taille, devenue immense, se déborda en dehors du trône ; au milieu de sa face qui était toute blême, son regard étincela, fauve et roulant, entouré de crêpes de sang noir : ses mains s'agitèrent ; il éleva sa lance ; il dressa le front ceint de sa large couronne.

8. Il regarda Satan en face, et Satan le regarda, et ils se reconnurent. Alors l'un et l'autre dirent en même temps : C'est l'heure : les deux voix sourdes se joignirent et tombèrent ensemble sur le dragon ; et tous les esclaves qui étaient aux pieds de l'homme du grand trône agitèrent frénétiquement leurs chaînes et répétèrent : C'est l'heure, c'est l'heure.

9. Mais la voix sainte qui m'accompagnait me parla : Fils des hommes, regarde son front. Et je fixai ma vue sur le front de l'homme terrible, et j'y vis écrit un mystère : et le nombre écrit était 666. Mais je vis en même temps un autre nombre écrit sur ses mains et sur sa lance et sur sa couronne et sur toutes les chaînes : et ce nombre n'était que 665.

10. Et après cela, la voix sainte me dit encore : Les hommes qui jusqu'ici se sont assis sur le grand trône ne portaient pas encore sur le front le chiffre voulu, et aucun d'eux n'était celui qui devait venir ; mais celui que tu y vois maintenant n'aura plus de successeurs : C'est le dernier roi de l'Aquilon.

11. Quant aux chaînes et à la lance et à la couronne, elles ne sont pas encore parvenues à leur entier dévelop-

pement, et les iniquités des mains du dernier homme, et les iniquités du dragon ne sont pas à leur comble.

V

1. En avant dit Satan, et il donna le signal ; en avant répéta la voix sinistre et troublée du dernier roi d'Aquilon, et d'une main il tint sa lance en arrêt, et de l'autre il éleva la croix renversée et la montra.

2. La croix fut montrée et vue ; le tyran poussa fièrement le dragon ; le monstre frémit d'abord et se recula en lui-même, mais aussitôt il se rassura et déploya ses membres.

3. Et je vis que son aile gauche s'étendit vers l'orient : en un instant elle couvrit de son poids meurtrier, elle enveloppa de son ombre fatale toutes les contrées du soleil levant :

4. Et toutes les îles, et tous les rivages des mers qui se trouvent en ces lieux entre l'Orient et l'Aquilon, jusqu'aux dernières limites du globe, furent conquis.

5. Et toutes les nations qui étaient assises dans les ombres de la mort, et qui adoraient des dieux aussi pervers que les mains qui les avaient forgés et aussi insensés que les passions qui les inventèrent, furent assujetties au dragon.

6. L'aile droite s'étendit aussi : elle s'étendit sur les peuples d'Occident qui se disent réformés mais qui sont aveugles et qui marchent dans les voies de l'erreur et de la perdition :

7. Et plusieurs nations furent conquises et déchirées par l'aile affreuse et par les pieds rapaces du monstre ; et celles qui avaient le plus péché contre le Seigneur et contre la vérité et la justice furent le plus cruellement éprouvées ; mais quelques pays de l'Occident restèrent libres et furent réservés pour le triomphe et la rédemption.

8. Ainsi, de l'orient à l'occident, la domination du dragon, qui est le superbe empire d'Aquilon, était établie : et son pouvoir était immense : et un silence profond et lugubre régnait sur la terre.

9. Mais le monstre n'était pas content, car les terres de Mahomet qui avaient toujours été le premier but et l'éternel objet de l'ambition effrénée et des usurpations continuelles des tyrans qui avaient été jusque-là assis sur son dos,

10. Et l'Arabie, terre de la myrrhe et de l'encens, et la Palestine, pays des mystères et des miracles, et toutes les régions du Midi qui se trouvent dans cette direction, étaient encore restées libres et n'étaient pas encore sous son pouvoir.

11. Aussi je vis que, poussé furieusement, il leva avec impatience ses hideuses têtes, déploya avec orgueil ses queues et ses autres membres, tendit toutes ses langues et tous ses dards, se roidit sur ses quatre pieds, et se prépara à franchir les flots tumultueux des mers ténébreuses.

12. Mais je vis qu'il en fut empêché : et il ne put accomplir son projet pour ce moment-là.

VI

1. Les nations de l'occident qui étaient restées libres n'étaient pas celles qui sont les plus proches de l'aile droite et du pied droit inférieur du dragon, et qui ont été et qui seront encore séduites par lui.

2. Celles-là avaient été conquises les premières et enchaînées, et elles expiaient déjà la peine de leur folie.

3. Mais celles qui n'avaient pas encore subi la loi du monstre et qui n'étaient pas tombées sous sa domination étaient sises vers l'extrémité des lieux du soleil couchant.

4. Et parmi celles-ci, il en était une surtout qui avait toujours été la terreur et le marteau du dragon : elle s'était toujours opposée à ses projets ; elle avait déjà une et deux fois combattu contre lui pour la cause générale et le salut du monde.

5. Or, quand le dragon était près de se lancer sur le Midi, cette nation généreuse se leva.

6. Et je vis en même temps qu'une autre nation suivit son exemple ; et toutes les deux se levèrent debout, et elles arborèrent l'étendard de la guerre contre le dragon ;

7. Et se sacrifiant pour le salut général elles marchèrent contre lui, avec une grande vitesse et une grande force et une grande résolution, afin de l'arrêter dans sa marche, et de le battre, et même de le mettre à mort cette fois, pour qu'il ne pût plus désormais faire de mal à la terre.

8. Or, de ces deux nations qui se levèrent contre le dragon, mais qui ne furent pas en ce moment-là suivies des autres, la première était encore la fille de la gloire et du génie, France la belle et la puissante ;

9. Et la seconde était la fille sainte et toujours fidèle de l'épouse du Christ : c'était l'Ibérie sainte, noble et fameuse, avec ses étendards sacrés et sa force chevaleresque : la gloire d'Ibérie était ressuscitée avec le rejeton d'une tige antique fils d'une dynastie nouvelle.

10. Or ces deux nations, déployant leurs étendards de guerre, vinrent avec une grande impétuosité : et je vis qu'elles étaient décidées à vaincre et à détruire le dragon, chef du mal et premier-né de Satan.

11. Leurs navires foudroyants et innombrables marchaient : ils passèrent toujours sur les eaux de la grande mer dans la ligne des rives septentrionales, courant du côté de l'Orient ; et je les vis franchir toutes les îles de Javan, et traverser l'Egée et l'Hellespont et la Propontide,

et entrer tout droit dans les ondes d'Ascenez, et attaquer le front du dragon.

12. Or, quand les deux illustres nations arrivèrent pleines de courage et de force en ces lieux, le dragon allait se lancer sur le Midi, et il était sur le point de faire sa dernière conquête.

VII

1. Quand le dragon vit arriver ses ennemis, il trembla et il allait reculer. Mais Satan, le dieu du mal, vint au secours de son premier-né, et il lui fournit sa force qui est destruction et mort.

2. Alors le dragon se prépara, et il alla à la rencontre de ses ennemis.

3. En même temps les deux nations d'Occident l'attaquèrent avec une vigueur et un entraînement irrésistibles. Mais le dragon résista, et l'on combattit, et la lutte fut terrible et longue.

4. Tout à coup je vis que l'une des têtes du dragon fut frappée : elle était comme blessée à mort, et il en sortit des fleuves de sang qui rendirent rouge la troisième partie des mers sur lesquelles le monstre était assis.

5. Et la blessure de la tête fut jugée mortelle, mais elle ne l'était pas, car elle était guérissable et elle guérit : et quand elle fut guérie, toute la terre fut dans l'étonnement à cause de cela, et le dragon devint plus grand et plus fort et plus superbe que jamais, et sa puissance s'accrut, et son orgueil s'éleva sans mesure.

6. Et je vis en ce temps-là qu'un grand pouvoir lui fut donné : il reçut le pouvoir de combattre durant cent quatre-vingt-neuf semaines, et de faire beaucoup de mal à la terre, et de faire même beaucoup de mal aux deux nations

saintes qui devaient le vaincre, mais qui néanmoins devaient être bien éprouvées par lui et par son esprit qui est esprit de mensonge et d'impiété.

7. Cependant, comme l'heure de son triomphe, le court triomphe de Satan, n'était pas encore venue, à la fin des cent quatre-vingt-neuf semaines, le dragon fut encore frappé, et il fut vaincu et réduit aux dernières extrémités.

8. Alors il usa de supercherie : il demanda pardon, et il implora la clémence et la miséricorde des deux nations filles de l'Occident, qui étaient décidées à le mettre à mort cette fois.

9. Et il réussit à les tromper, et à leur donner le change sur ses pensées et ses dispositions ; il sut même apaiser leur colère et exciter leur pitié :

10. Car je vis qu'il se jeta à genoux, et il se mit à pleurer, et il baisa les pieds de ses ennemis ; et l'homme du grand trône fit la même chose, et il dit : j'ai péché, mais ayez pitié de moi.

11. Alors les filles d'Occident ne purent résister à ces paroles de l'humiliation et du repentir : elles furent touchées au cœur par les prières du dragon et de l'homme qui sera en ce temps-là le dernier roi d'Aquilon ;

12. Et ne voulant d'ailleurs que le bien et non pas la mort, elles leur pardonnèrent ; puis, n'agissant pas selon leur droit et leur pouvoir, elles n'imposèrent aux vaincus que des conditions très-légères en proportion des choses, mais qui néanmoins devaient bientôt être reniées.

13. Après quoi, usant plus de bonté que de prudence, elles se retirèrent : et le dragon fils de Satan, et le dernier roi du grand trône furent délivrés et restèrent libres.

VIII

1. Visions nouvelles et grandes qu'a vues en ce temps-là Zacharie fils de Loammi, fils de Débelaïm, descendant de Juda, sur les choses qui doivent arriver et qui ne sont pas fort éloignées.

2. En ce temps-là je tournai le regard du côté par où disparaissaient les deux nations qui avaient vaincu le dragon, et qui, lui ayant ensuite pardonné, se retiraient.

3. Et je vis que quand elles allaient rentrer chez elles, à leur rencontre et sur leur passage, se leva un vieillard vénérable : il était vêtu des habits sacrés du pontificat ; trois couronnes posées l'une sur l'autre étaient sur sa tête ; il tenait dans sa main gauche un bâton de pasteur, tandis que sa main droite était levée et étendue vers l'orient.

4. Son aspect était imposant, son maintien pieux, toute sa personne sainte et sublime ; mais son œil me parut rempli d'un feu saint d'indignation et de colère, et il me sembla irrité contre les deux nations imprudemment clémentes auxquelles il parlait avec de l'amertume et des reproches.

5. Mais je ne pus entendre ce qu'il disait : seulement je compris que la main étendue vers l'Orient désignait et montrait le dragon qui déjà accomplissait son œuvre.

6. Alors les deux nations se tournèrent vers le lieu que semblait leur indiquer le vieillard indigné, et, ayant regardé et vu le dragon, de douleur et de repentir elles se mordaient les lèvres et les mains, et elles firent des mouvements comme pour revenir sur leurs pas.

7. Mais, de cette même main étendue vers l'orient, le vieillard arrêta les deux nations repentantes, et il suspendit leur mouvement, et il leur imposa silence et repos.

8. Et il dit : Il n'est plus temps : laissez se faire ce qui doit être fait.

9. Il dit encore : Ceux qui avaient péché devaient être punis, et les nations qui avaient péché devaient être punies ; mais elles ne le seront pas selon la rigueur de la justice celles qui sont revenues et qui se sont converties au Seigneur, car il leur a pardonné, et elles ne seront pas châtiées selon tout leur crime.

10. Mais malheur à celles que le Seigneur trouvera marchant encore dans les voies de l'erreur et de la perdition et de la mort ! Car il n'y a point de salut pour elles.

11. Tout doit passer par le feu de la purification. Et vous aussi, ô nations imprudentes, parce que vous avez été faibles par le cœur, et que vous avez eu de la compassion, et que vous avez pactisé avec le mal, vous serez éprouvées et vous serez punies selon la mesure de vos péchés.

12. Maintenant il n'est plus temps pour vous : laissez venir le moment ; laissez au Seigneur commencer et finir son œuvre. Contre le Seigneur est l'iniquité d'Aquilon : à lui est l'offense, à lui doit être la vengeance et la justice.

13. Néanmoins, nous devons tous concourir à cette œuvre selon les forces de nos mains ; mais attendez la force du Seigneur et sa venue : le jour n'est pas loin.

14. Après cela, se tournant avec vivacité et résolution vers tous les points de l'occident, il s'écria d'une voix puissante : peuples réveillez-vous : La croisade, la croisade.

15. A cette voix, j'entendis se faire sur la terre une sorte de frémissement universel semblable au souffle de l'esprit des quatre vents qu'Ezéchiel, prêtre, fils du Buzi, au temps qu'il prophétisait, envoya dans le champ des os desséchés sur les morts d'Israël.

16. Après quoi je vis une chose qui me remplit de joie. Albion, l'île, était serrée par des étreintes terribles, et, après

d'effroyables catastrophes, elle revenait à sa foi antique et à sa religion d'autrefois : Les prières d'Hibernie, martyre glorieuse de la foi de ses pères, avaient fait pardonner à Albion infidèle, astucieuse, barbare, son péché profond comme une ulcère mortelle, et les fils de Bretagne rentraient dans la voie qu'ils avaient si malheureusement abandonnée : ils avaient entendu la voix du vieillard, et déjà ils se dirigeaient du côté d'où elle était venue.

17. Mais je vis plus. Italie belle et fameuse, déjà sortie de la tourmente affreuse et de ses malheurs sans nombre, avait été purifiée : déjà elle était revenue à son ancienne piété et à ses devoirs ainsi qu'à son rôle d'autrefois, et assise sur une base stable et sacrée, une, forte, puissante, elle avait repris toute la célébrité de son nom et de son rang.

18. Or, Italie régénérée par la tribulation entendit la voix de son vieillard, et elle accourut aussitôt tout entière en criant : la croisade, la croisade ; et elle se réunit aux deux nations saintes de l'Occident qui avaient pardonné au dragon ainsi qu'à une autre nation qui survint elle aussi en même temps : celle-ci était la fille des Césars, toujours fidèle à son roi, toujours fidèle à son Dieu.

19. Et ces quatre nations étaient celles qui avaient été réservées par le Seigneur : mais France, fille de la gloire, fut réservée la première.

20. Et après cela je vis que quelques autres nations, aveugles jusque là et endormies, se réveillèrent aussi ; et elles regardèrent quelque temps, surprises et étonnées ; puis, se levant tout à coup, elles brisèrent les chaînes qu'elles avaient aux mains ; elles déchirèrent le bandeau qu'elles avaient aux yeux, bandeau fatal de l'erreur qui leur avait jusque-là caché la vue et la lumière :

21. Et toutes, elles accoururent vers le vieillard en criant : la croisade la croisade : la peur et la séduction faisaient place partout à la sagesse et au courage.

22. L'heure arrivait : Voilà pourquoi tous les yeux avaient été ouverts, et le dragon avait été reconnu pour ce qu'il était, pour ce qu'il avait toujours été. Ceux qui étaient faibles devenaient forts ; ceux qui avaient été dans les ténèbres recevaient la lumière et se convertissaient au Seigneur.

23. De sorte que tous les peuples qui vinrent en ce moment-là se réunir aux deux nations saintes, étaient déjà unis dans les mêmes principes de la foi et dans les mêmes voies du salut, autant que dans le même but et les mêmes intérêts.

24. J'en vis cependant qui ne se levèrent point, qui ne vinrent point, qui restèrent toujours impénitentes, séduites, et fidèles au dragon jusqu'à la fin. Malheur à celles-là !

25. Or, toutes les nations qui étaient accourues à la voix du vieillard se réjouissaient beaucoup ; et Polska surtout, noble fille de l'héroïsme et du martyre, se réjouissait, et elle montrait ses mains déchaînées et redoutables, et elle excitait les autres qui toutes se croyaient déjà délivrées, mais qui se trompaient :

26. Car les mesures des choses n'étaient pas encore remplies, et le dragon avait encore des conquêtes à faire plus grandes que toutes les conquêtes précédentes, et leurs expiations à elles n'étaient pas encore achevées.

27. Mais voici que j'entendis sur tous les lieux élevés des voix qui prêchaient ; et par tous les chemins de l'Occident j'entendis retentir les paroles de l'appel : La croisade, la croisade.

28. En même temps tous les guerriers arrrivaient, forts et innombrables : le vieillard vénérable les bénissait de ses mains, et imprimant sur leurs fronts et sur leurs poitrines un signe sacré, il disait à chacun : Va, soldat du Christ.

29. Et après cela il leur remettait des étendards sacrés et des enseignes de guerre surmontés du même signe de la

sainteté et du triomphe : et le signe et les étendards se déroulaient et flottaient déjà, forts et radieux, comme les ailes de la victoire.

30. Or le vieillard était le chef de la religion et de la vertu, et les nations étaient des nations des quatre vents et des deux mondes, et les guerriers étaient les guerriers de la croisade qui se fera à la fin de ces temps-là, et ils formaient de grandes armées.

31. Les armées et les peuples attendaient le signal. Mais le vieillard ne donnait pas le signal en ce temps-là, et il semblait attendre lui-même un ordre;

32. Et il dit : ne hâtons pas le moment, ne prévenons pas l'heure, l'heure terrible qui est marquée, qui est en marche et qui vient; attendons : nous, nous ferons notre œuvre, mais la vengeance sera l'œuvre du Seigneur.

33. Alors, tandis que les nations croisées attendaient, je détournai d'elles le regard, et me tournant du côté de l'Orient et du côté de l'Aquilon, je vis le dragon, et je vis sur lui une suite de visions merveilleuses et à jamais lamentables.

IX

1. J'avais vu la blessure du dragon guérie; j'avais vu la terre, prise d'étonnement et d'effroi, se trouver sur le point de passer sous le joug de la bête : cependant Satan le démon n'avait pu réussir en ce moment-là à accomplir l'œuvre des enfers, parce que le Seigneur voulait encore donner une preuve au monde, et donner à la bête le temps de combler ses mesures.

2. Mais dès qu'arriva l'heure des dernières iniquités, alors les choses se firent, et je vis. A peine les deux nations d'Occident avaient-elles pris le chemin du retour que l'es-

prit du mal se releva, et il vint auprès du dragon et de l'homme du grand trône.

3. Le dragon reçut toutes les forces qu'il devait recevoir, toutes les forces de la hardiesse, du courage, de l'énergie, et surtout toutes celles des séductions et des tromperies.

4. Et je vis une chose qui m'étonna et qui m'effraya. Toutes les langues du cercle noir faites comme des queues de serpent se partagèrent en deux ; et elles s'étendirent de deux côtés opposés, les unes vers l'Occident et les autres vers l'Orient ; et de ces deux côtés elles se répandirent et s'éloignèrent, se prolongeant par toutes les mers, et enveloppant le monde comme d'un réseau.

5. Et elles allèrent des deux côtés et par les deux grandes mers trouver un peuple du nouveau monde auquel elles dirent : voici : à nous deux les deux mondes.

6. Et il répondit : Oui. Peuple aveugle et insensé, en ce temps-là il y aura en toi bien des iniquités qui te traîneront vers ta perte ! car tu ne verras pas le mensonge et l'hypocrisie des langues, et tu ne comprendras pas que le dragon ne voulait se servir de toi que pour te tromper et te subjuguer ensuite toi-même.

7. Or, dès que le peuple du nouveau monde vaste et orgueilleux fut séduit par les langues, et qu'il vint à l'aide du dragon avec sa puissance des terres et des mers, Satan le démon et l'homme du grand trône sourirent avec une joie maligne et dirent ensemble : C'est fait, en avant. Et en même temps une voix qui sortit des gouffres de l'Océan immobile, voix stridente et féroce, voix de colère et de vengeance, voix de la fatalité d'Aquilon, répondit : C'est fait, en avant.

8. Alors le monstre, fils des enfers, se leva sur ses pieds de derrière et de devant : pour la première fois toute la masse de son ventre se souleva, se montra, et le centre immobile se mut et se déplaça.

9. Tous les nœuds se déroulèrent; tous les cercles qui entouraient le grand cercle s'élargirent ; dans les mers paresseuses les queues se déployèrent avec des sifflements aigus, et, se dressant, elles battirent les flots bouleversés comme par deux tempêtes furibondes; les branches du ventre s'allongèrent en spirales horribles dirigées vers le Midi; le cercle noir bouillonna et tourna sur lui-même comme un gouffre impétueux; le grand chef se dressa surmonté de ses neuf diadèmes; les six bouches profondes, obscures, s'ouvrirent; les six têtes se levèrent et apparurent dans leur horrible aspect.

10. Les peuples soumis et enchaînés regardaient dans le silence et la stupeur ; mais ceux qui brisaient en ce moment les chaînes qu'ils devaient bientôt reprendre et qui couraient vers le vieillard, rugissaient de fureur parce qu'il ne leur était pas permis d'agir, tandis que les deux nations imprudentes d'Occident mordaient toujours leurs lèvres et leurs mains.

11. En attendant ceux qui étaient allés à la rencontre des deux ministres de Satan sortis de la bouche du dragon, et qui avaient dit : Oui, tous ces fornicateurs impies des choses saintes qui adoraient la croix renversée dans les pays du Midi, accoururent soulevant des révoltes ; et ils aplanirent les voies, et ils ouvrirent les chemins au dragon, qui, sortant tous ses dards et jetant de toutes parts d'effroyables rugissements, envoya de ses gueules des tourbillons embrasés, s'élança avec le signe renversé qu'il relevait sur ses têtes et sur ses cornes, dans les mers ténébreuses, les traversa, déchira tous les bords opposés, et s'étendit rapidement sur les quatre parties de la terre, ainsi que les ailes d'une tempête noire.

12. Alors le centre du grand cercle noir, énormément agrandi, se plaça sur Byzance la décrépite; et tous les autres membres s'abattirent sur toutes les régions d'alen-

tour jusqu'aux dernières limites du globe, sur toutes les eaux des fleuves, depuis les bouches de l'Orange au pays des Hottentots, jusqu'à celles d'Amour, le *fleuve noir* du pays de Mandchourie, depuis le Gange et l'Indus jusqu'à Obi et à Anadyr,

13. Et sur tous les monts, et sur toutes les mers, de l'Aquilon au Midi et du Levant au Couchant, et sur les hommes de toute tribu et de tout peuple et de toute langue, et sur les peuples qui étaient restés assis, et sur ceux qui s'étaient levés en brisant les chaînes de leurs mains et le bandeau de leurs yeux : mais le monstre ne peut toucher aux quatre nations réservées par le Seigneur Dieu.

14. Quant au peuple du monde nouveau, qu'une ambition vaste et des projets séculaires avaient rendu, en même temps que trop coupable, aveugle et insensé, je vis qu'après une lutte horrible entre la puissance et la puissance, la superbe et la superbe, la tyrannie et la tyrannie, il tombait lui aussi sous le dragon, et recevait, pour prix de sa folle coopération, des chaînes dévorantes. Avec lui tombaient sous la domination du premier-né des enfers tous les autres peuples de ces lieux, trop tôt vieillis par la civilisation et les iniquités, avec toutes les îles de ces deux mers sans limites qui enveloppent le globe de l'Orient à l'Occident.

15. Satan hurla ses cris de triomphe, les bouches du dragon s'ouvrirent et vomirent des paroles affreuses, toutes les choses du grand cercle noir où travaillait muette la main du démon, s'entre-mêlèrent ensemble, et sur la terre régna un grand silence.

16. Alors je me troublai et je pleurai et je m'écriai : Seigneur, Seigneur, pourquoi avez-vous abandonné le monde ? Votre bras, Seigneur, votre bras est-il raccourci !

17. Mais j'entendis ces paroles : Fils des prophètes, lève les yeux. Et je levai les yeux et je vis un grand mystère.

X

1. Je vis une main levée et étendue : elle était levée sur l'empire de l'Aquilon, et elle était arrêtée sur lui, et elle l'enveloppait de toutes parts.

2. Et la main tendait toujours à s'abaisser, et elle s'abaissait sans cesse, lentement, lentement ; et elle semblait protéger, mais elle menaçait ; et les yeux des mortels ne la voyaient pas.

3. Voici comment la main était faite : elle était grande, immense, et toute suspendue et élargie ; le dragon, elle le couvrait tout alentour comme une voûte sans fin, et elle ressemblait à la concavité des cieux quand ils ont été dévoilés et purifiés par les vents.

4. Elle était placée entre les quatre points du monde, et elle était portée par les quatre vents, l'Aquilon et l'Auster, le Thiponicus et le Cornus.

5. Autour d'elle je vis des fournaises de charbons rouges, et des foudres embrasés et volants, et un amas de tempêtes promptes et rapides.

6. Et les quatre vents, l'Aquilon et l'Auster, le Thiponicus et le Cornus, frémissaient ; et les tempêtes, et les foudres, et les charbons dévorants, se tenaient prêts et attentifs, et ils semblaient attendre un mouvement de la main pour se précipiter.

7. Mais la main ne remuait pas, et les ministres brûlants se modéraient et attendaient, veillant toujours, inquiets, avides, autour de la main mystérieuse.

8. Tout à coup, au-dessous de la main levée qui s'abaissait sans cesse, tonna une voix forte de colère et de menace qui dit : les heures du dragon sont comptées — l'ire et la vengeance sont prêtes — la fin approche — il n'y a plus

de miséricorde, il n'y a plus de temps : l'épée arrive, elle arrive.

9. J'entendis ensuite ces paroles : Ses princes sont des infidèles ; ses prêtres sont corrompus et fornicateurs ; toutes ses cités sont pleines de prostitutions et de prostituées... L'épée va vous dévorer... Votre bouche vomira toutes vos entrailles, et votre sang s'écoulera par toutes les portes de vos blessures... votre force sera comme de la paille semée dans un champ aride, et tout votre ouvrage, comme une étincelle de feu.

10. Et la voix dit enfin : malheur à l'empire de l'Aquilon ! Sur lui la main de la justice et de la vengeance, la main de la fureur qui est celle de la longanimité outragée, s'abaisse, s'abaissera à mesure que le dragon commettra ses dernières iniquités : après quoi la main va tomber. Malheur à l'empire de l'Aquilon !

11. Après cela cette même voix que je sentis là près de moi, parla plus bas et me dit : Fils des prophètes, comprends-tu le mystère ? Et je dis : Non. Et elle dit : Je vais te dire tout le mystère de la main.

12. Ce signe que tu vois avec tout ce qui l'accompagne est le signe de la justice et de la vengeance qui sont inévitables et qui viennent bientôt.

13. C'est la main du Dieu vivant qui est levée sur l'empire de l'Aquilon que rien ne peut plus sauver, et elle va frapper.

14. Cependant elle descend peu à peu depuis que le dragon a fait ses dernières conquêtes, et elle descend jusqu'à ce qu'il ait commis ses nouvelles et dernières iniquités et qu'il ait comblé toutes les mesures : car il lui est donné encore un peu de temps pour qu'il fasse ce qu'il doit faire et qu'il se montre à tes yeux tel qu'il est, tel qu'il est tout entier.

15. Zacharie prophète, fils de Loammi, écoute : sache

ceci : quand le dragon étendait tous ses membres sur les régions universelles du monde, il lui était donné du temps, et il lui était donné sept semaines de jours, et encore sept semaines et une semaine.

16. Car, ainsi que les mercenaires ont leur temps marqué, ainsi le temps de la domination universelle de l'empire d'Aquilon était marqué, et il était de sept semaines et sept semaines et encore une semaine.

17. Mais maintenant il n'a plus que sept semaines et sept semaines; et maintenant, dans trois mois et une semaine précisément, sa gloire sera détruite avec son peuple nombreux, et il ne restera à Moab que quelques ruines, et ce qui restera sera encore détruit.

18. Or je crus reconnaître la voix qui me parlait, et il me sembla que c'était celle d'un ange, et que c'était celle de Michel le premier des ministres; mais je ne le vis point, et je ne le reconnus point.

19. Et je tombai dans la poussière ; et j'adorai Adonaï le Seigneur, et je dis : O Adonaï, vous êtes juste et saint, et vous êtes tout-puissant dans le ciel et sur la terre et aux enfers : Seigneur, qui peut se mesurer avec vous, et qui peut résister à votre droite !

XI

1. Vision sur les trônes qui sont les emblèmes de la tyrannie et le complément des iniquités, mais qui sont aussi des symptômes.

2. Voici ce qu'a vu Zacharie le prophète en ce temps-là. Le dragon avait fait toutes ses conquêtes : alors mes yeux s'ouvrirent sur lui, et je vis toutes les choses telles qu'elles seront un jour, et je vis apparaître un système où je découvris des signes prochains.

3. Ce système était celui d'une épouvantable tyrannie ; et les signes étaient des emblèmes, et dans les emblèmes il y avait des symptômes, et le système et les signes s'accordaient avec un nombre, le nombre de la mort.

4. En ce temps-là je considérai le dragon, et je vis que la grande tête et les autres têtes avaient changé de place ; et elles se trouvaient au centre du corps horrible et démesuré, juste au point qui correspondait à la place du grand cercle noir : or, telle était l'étendue du cercle noir en dessous, et telle était celle des têtes en dessus ; tel le système des langues en bas, et tel celui des trônes en haut.

5. Mais le centre du grand cercle noir et le centre des têtes étaient assis sur Byzance infidèle et malheureuse, tandis que tout le reste des membres et du corps monstrueux était répandu tout autour de ce point central, en s'élargissant à l'infini.

6. Ainsi serait une statue de plâtre malléable à la main, qui se tiendrait droite d'abord et debout, mais que l'on aplatirait ensuite par le sommet : écrasée par en haut, l'effigie déformée céderait, en s'élargissant en surface par sa base, et toutes les parties inférieures, dilatées circulairement, entoureraient le *chef* abaissé qui leur servirait alors de point central : ainsi étaient les têtes du dragon.

7. Or c'était sur les têtes qu'était établi le système, et c'était au centre du système que le dernier roi d'Aquilon avait placé son grand trône et le centre de son pouvoir. Et voici quelle était la disposition de tous ces simulacres effroyables.

8. Sur la grande tête, au centre de tout le système, était élevé le grand trône, entouré de tous les trônes et dominant tout de ses hauteurs superbes. Ainsi serait le tabernacle de l'iniquité levé sur le haut d'un autel sacrilége où l'on monterait de tous les côtés par les degrés d'un escalier circulaire : la divinité du mal, de dessus ses élévations redou-

tables, se montrerait obscurément à tous les yeux, au milieu des nuages que lui jetteraient à l'envi l'orgueil et l'impiété, et ses adorateurs la contempleraient de loin avec une admiration étonnée et de mystérieuses terreurs.

9. Tout autour du grand trône auquel ils servaient de degrés et de marchepied, étaient assis une infinité d'autres trônes placés avec symétrie les uns en triangles et les autres en cercles. Or les triangles et les cercles étaient disposés les uns autour des autres, s'élargissant selon leur ordre à mesure qu'ils se développaient, et s'abaissant toujours selon leur rang comme les degrés d'une échelle, à mesure qu'ils s'éloignaient du centre commun.

10. Quant aux trônes, les uns étaient plus petits que les autres, selon l'ordre des triangles et des cercles, mais tous, dans leur proportion, étaient de la même forme et de la même structure que le grand trône qui en était l'archétype. Celui-ci était formé des matières les plus solides et les plus précieuses, et il était construit avec beaucoup d'art et de richesse et de magnificence.

11. Il avait une base, et plusieurs degrés, et trois colonnes, et un siége, et un grand dôme, et trois pavillons tout à l'entour.

12. La base était d'airain; les trois colonnes, serpentées de veines de toutes les couleurs, étaient de jaspe; le reposoir dont le fond se composait de bois immortel de cèdre et d'ébénier, était recouvert de trois couches d'or trois fois purifié et parsemé de perles d'Arabie précieuses et éclatantes qui le ceignaient sept fois de sept rangs de lumières vives et le rendaient éblouissant à la vue.

13. Le dôme, qui se perdait dans le ciel, ressemblait par le dehors à un immense bouclier de feu suspendu ou jeté dans des hauteurs sublimes, et projetant au loin de sanglantes illuminations, tandis que dans toute la superficie concave du dedans, il était revêtu d'une incrustation continue

de diamants taillés en mille formes et enclavés les uns dans les autres en guirlandes variées qui étincelaient de mille rayons de flammes, et y maintenaient sans cesse, en se renvoyant leurs lumières sans nombre, comme un immense et perpétuel incendie.

14. Les pavillons étaient comme des tentes triangulaires et flottantes, et ils se composaient de pourpre d'Elisa et de fin lin d'Egypte tissu en broderie. Tantôt ployés en ondes incertaines, et tantôt enflés en voiles arrondies, ils s'agitaient mollement autour du simulacre pompeux, et de leur sein s'échappaient mille étincelles lumineuses que jetaient de toutes parts le saphir, la topaze, l'émeraude, et mille pierres précieuses qui y étaient semées à profusion, et qui s'y jouaient, pareilles à des étoiles flottantes se balançant dans des fluides d'or au milieu des cercles éclatants des cieux.

15. Pour les degrés, les uns étaient plus petits et les autres plus grands; et les plus grands étaient d'or, et les plus petits d'ivoire. Or les plus petits étaient autour des plus grands, selon leur ordre, et ils étaient placés plus bas, selon leur ordre ; mais les degrés d'ivoire étaient plus nombreux que les degrés d'or.

16. Et il y avait autant de degrés grands et faits avec de l'or qu'il y avait de triangles de trônes; et il avait autant de degrés petits et faits avec de l'ivoire qu'il y avait de cercles de trônes.

17. Et les cercles de trônes qui étaient les petits degrés étaient, selon leur ordre, autour des triangles de trônes qui étaient les grands degrés ; mais chaque triangle était aussi, selon son ordre, autour du dernier cercle du triangle qui le précédait.

18. Et je vis qu'autant le dragon avait de têtes, autant il y avait de triangles de trônes et de degrés d'or; et autant il avait de cornes sur les têtes et de diadèmes sur les

cornes, autant il y avait, autour de chacun des triangles, de cercles de trônes et de degrés d'ivoire.

19. Or tous ces signes étaient des mystères et des symptômes, et tous ces nombres s'accordaient avec les nombres de l'homme et du dragon dont le compte devait être fait. Mais dans toutes les magnificences des trônes il y avait plus d'apparence que de réalité, et la réalité était contraire à l'apparence.

20. Car il me fut dit : fils de l'homme, va et considère de près ce splendide échafaudage. Et j'allai auprès du grand trône, et je vis le bas et le haut, et les colonnes, et le siége, et les pavillons : et je remarquai que ce qui m'avait paru être de l'or et des perles et des pierreries n'était que du fer coloré; les colonnes de jaspe étaient de l'argile façonnée, le dôme de diamants, du plomb vil et noir, la base d'airain, de la fange pétrie avec de la fange, les magiques pavillons, d'immenses crêpes en lambeaux semblables à de noirs fantômes.

21. Ainsi le haut et le bas du grand trône étaient formés des matières les plus abjectes, et ce que l'on eût pris pour le temple de la Gloire n'était qu'un vain simulacre, ténébreux sarcophage bâti par les mains de Satan pour servir de tombe à la liberté et d'autel à la tyrannie.

22. Celui que je trouvai assis dessus, et qui de loin m'avait paru si fort, si glorieux, ne me semblait plus le même, et je ne le reconnaissais pas, car c'était plutôt une ombre effrayante des enfers que le dominateur splendide que j'avais pensé y voir jusqu'alors. Son front était obscur et son geste menaçant; ses yeux embrasés roulaient au milieu des orbites immobiles, pleins de fureur et de sang. Quand il parlait sa voix était semblable à des coups frappés sur une masse creuse d'airain, et elle arrivait à l'oreille comme un glas funèbre.

23. Sa tête chauve n'avait que quelques poils durs tout autour du front et des tempes et de la nuque, et sur ces

poils était posée une énorme couronne de fer rouillé qui serrait comme un étui dévorant la tête chauve, et rendait toute décomposée et comme sans cesse agitée par d'horribles convulsions la face de l'homme, entre la bouche duquel résonnaient alors d'affreux grincements de dents.

24. Or sur la couronne je vis des paroles que je ne pus ni lire ni comprendre en ce moment-là, et sur le milieu du front je remarquai des caractères inconnus ; mais sur le haut du front je lus : mystère, et : le bas, je lus : tyrannie.

25. Alors j'abaissai les yeux et je vis le premier triangle : il contenait trois trônes qui, à part leurs proportions, étaient de la même nature que le trône de la tyrannie : splendides, imposants en apparence, trompeurs, vils, horribles en réalité.

26. Trois spectres les occupaient. Le premier se trouvait recouvert d'un long voile qui lui cachait le visage et le reste du corps. Il sortait de dessous le voile une voix douce; mais au fond de cette voix il y avait une seconde voix qui était l'essence de la première : cependant cette dernière recouvrait et cachait celle qui était au fond. Le spectre ne se voyait pas, couvert qu'il était de son masque : seulement on pouvait voir de temps en temps percer à travers le voile une espèce de sourire qui sortait de ses lèvres, amère dérision de la vertu, mensonge du mensonge et infamie de l'infamie qui faisaient pleurer la terre.

27. Or le sourire de ses lèvres et la voix de sa bouche étaient du poison le plus subtil : mais au dedans de sa bouche était l'œuvre du mal, et le siége de l'œuvre du mal était placé dans son sein.

28. C'était le premier assistant de l'homme du grand trône : il portait écrit sur le front : HYPOCRISIE.

29. Le second spectre tenait dans ses mains un faisceau de papiers qu'il entremêlait ensemble et qu'il déchirait

ensuite en détournant les yeux et en grinçant des dents. Il faisait cela tantôt avec fureur et tantôt avec dédain, souvent en maudissant, quelquefois même en riant.

30. Du reste, sur sa figure il y avait différentes couleurs et différentes taches vertes et bleues. Quelquefois il levait les yeux en haut ; mais quand il venait à rencontrer le ciel, son front maudit se détournait en pâlissant, et il était pris par un tremblement convulsif.

31. C'était le deuxième assistant de l'homme du grand trône : il portait écrit sur le front : PARJURE.

32. Le troisième spectre avait les yeux avides, ardents, égarés ; les traits de son visage étaient empreints d'un mélange de perfidie, d'orgueil, de rapacité. Il étendait sans cesse la main dans l'ombre, et il s'efforçait d'atteindre on ne sait quoi de possible et d'impossible qu'il dévorait à l'instant.

33. Celui-là était le troisième assistant de l'homme du grand trône : il portait écrit sur le front : USURPATION.

34. Voici quels étaient les premiers trônes et le premier triangle, et les spectres qui étaient autour du grand spectre : et les trois trônes étaient les colonnes du grand trône ; et le triangle était le dernier et le plus haut degré ; et les trois spectres, HYPOCRISIE, PARJURE, USURPATION, étaient les grands ministres, force et soutien du grand spectre dont ils étaient nés, en qui ils vivaient et se mouvaient, ses esclaves et ses maîtres en même temps, son principe, sa vie, sa fin.

35. Après cela je vis les cercles de trônes qui entouraient le premier triangle, et derrière le dernier de ces cercles je vis les autres triangles, selon leur ordre, entourés d'autant d'autres cercles, s'abaissant tous et s'élargissant à mesure qu'ils s'éloignaient, et formant le formidable système sur le dos de la grande bête, qui est le dragon, qui est l'empire de l'Aquilon. Tous ces trônes étaient, selon

leur proportion, de la même nature que le grand trône ; et sur chacun d'eux étaient assises des ombres portant écrits sur le front des noms divers, et adorant toutes celui qui était assis sur le grand trône.

36. Et le nombre des trônes était grand, et il était mystérieux et symbolique : et je vis qu'il s'accordait avec le nombre du dragon qui est un nombre d'homme, et avec le nombre du dernier roi d'Aquilon ; et le système des triangles et des cercles s'accordait avec le système des têtes et des bouches et des cornes et des diadèmes en dessus, et avec celui de toutes les langues du grand cercle noir en dessous, et avec la disposition des membres du grand monstre, et avec tous les signes qui apparaissaient déjà et qui étaient des symptômes.

37. Qui peut comprendre comprenne le nombre et le mystère des trônes.

38. Après cela je vis une grande plaine tout enveloppée de ténèbres, s'étendant immensément derrière le dernier cercle du dernier triangle et tout autour du système des trônes, en dehors de l'étendue des têtes qui correspondait à l'étendue du grand cercle noir du nombril, et jusqu'aux dernières extrémités des membres du dragon.

39. Et dans toute cette plaine je découvris une multitude infinie d'êtres ressemblant à des hommes, l'étant peut-être, mais chez lesquels l'image de l'humanité se trouvait trop avilie. Puis, tout autour de cette multitude, et au-dessus et au-dessous d'elle, j'entendis des soupirs étouffés et des gémissements lamentables, et je vis des larmes, et du sang, et des horreurs.

40. Et tous les êtres chez lesquels l'image de l'humanité était trop avilie adoraient celui qui était sur le grand trône : et ils adoraient, et ils disaient : César est notre roi, César est notre Dieu.

41. Mais voici ce que je remarquai alors. Des chaînes par-

taient du grand trône et se répandaient de tous les côtés jusqu'aux dernières extrémités de la plaine des ténèbres, liées entre elles et distribuées dans un système d'unité pareil au système des trônes, et dans un ordre d'enchainement difficile à décrire.

42. Et les chaines enveloppaient l'un après l'autre tous les trônes, et tous les triangles et cercles de trônes, et tous les spectres, et toutes les multitudes, s'étendant, et se multipliant toujours, et enfermant tout dans leurs nœuds de la servitude et de la mort, tout, jusqu'aux confins de la plaine ténébreuse : et il y avait autant de chaines que de fantômes d'hommes, et autant de cercles et de triangles de chaines que de cercles et de triangles de trônes; et parmi les chaines il y en avait qui étaient de plomb et de fer, et il y en avait qui étaient de cuivre et de bronze, et il y en avait qui étaient d'argent et d'or : mais elles étaient toutes des chaines.

43. Qui peut comprendre comprenne le nombre et le mystère des chaines.

44. Mais en ce moment-là je vis au pied du grand trône une croix : l'homme se baissa pour la saisir, et les trois spectres se baissèrent : et la croix était renversée, et elle se renversa davantage, et toutes les chaines l'enveloppèrent.

45. Le front de l'archange fils des abimes s'éclaira de lueurs redoutables; sa main passa sur tous les trônes et sur tous les fantômes; toutes les chaines furent resserrées; le dragon releva tous ses diadèmes, et des enfers sortirent d'épouvantables frémissements.

46. En même temps une voix creuse sortit du dedans du grand trône, qui dit : Me résisteront-ils? Allons.

47. En attendant, les semaines s'abrégeaient, la main mystérieuse s'abaissait toujours, et la voix de colère et de menace disait : Les heures sont comptées, il n'y a plus de miséricorde.

XII

1. Suite des visions sur la couronne d'orgueil qui est le lit et la chaire de l'iniquité, et qui est le pain de la douleur.

2. Il avait dit : allons. Et après cela il posa ses pieds sur le reposoir d'or qui était du fer coloré ; il se leva, et ôtant enfin le masque de son hypocrisie, il dit d'un ton impérieux : Il y a quelque chose de libre : cela ne doit pas être : maître absolu des corps, je veux, je dois l'être aussi des âmes : la clef, la chaîne des consciences, il me les faut ; je veux être, je serai le seul et l'universel Pontife de la terre.

3. Sonnez, sonnez partout de la trompette pour la réunion du grand Concile qui sera le grand et dernier Synode.

4. Et plusieurs voix crièrent : Dieu est Dieu et César est son prophète. César est le grand roi, et il est le grand prêtre, et il sera le pontife suprême et éternel de la terre : nous louons, nous bénissons, nous adorons César : sonnez de la trompette, sonnez.

5. Alors des sons éclatants sortirent du premier triangle des trônes, et les quatre vents les emportèrent vers les quatre côtés du monde, et il n'y eut plus que des sons sur toute la terre.

6. Et voici que de toutes parts arrivèrent des hommes vêtus des habits sacrés du sacerdoce, et portant tous sur leurs habits, avec les divers signes de leur ordre et de leur dignité, une croix imprimée au rebours.

7. Leur aspect et leur costume variaient à l'infini : les uns avaient des mitres sur la tête et à la main des bâtons de pasteur, les autres portaient, ceints tout autour des tempes, de grands bonnets en forme de diadème ; et tous

traînaient en affectant une grande solennité des toges amples et majestueuses, tandis que de longues chevelures flottaient sur leurs épaules et que leur barbe descendait et se répandait sur toute leur poitrine.

8. Or tous ces hommes étaient vils et vendus à l'iniquité, hypocrites esclaves du fantôme du grand trône, roi d'Aquilon, fornicateurs des choses saintes, prêtres intrus, faux, corrompus, perfides ministres d'une religion toute *possédée*, la religion montée du puits de l'abîme pour combattre la vraie fille du Christ, et chefs d'une Eglise de crime et d'impiété, synagogue réprouvée assise dans sa chaire de mensonge entre le schisme et l'hérésie, entre la réprobation des hommes et les anathèmes de Dieu.

9. Ils vinrent les uns après les autres, d'abord ceux qui avaient appartenu à l'empire d'Aquilon quand cet empire se trouvait encore borné par les rives supérieures d'Ascenez, le lac noir, ensuite tous les autres ministres et dignitaires de l'Eglise parricide, qui tient la croix renversée depuis qu'elle a déchiré le sein de sa mère : et ils prirent tous place autour du grand trône.

10. Mais l'Eglise d'Occident n'avait pas répondu à l'appel de la trompette : ses ministres n'étaient pas venus, et les nations qui sont sous son autorité, même celles qui gémissaient dans les chaînes du dragon, avaient méprisé l'ordre de l'homme du grand trône : et quant aux autres religions de la folle idolâtrie, ce dernier ne les avait considérées pour rien et n'en avait pas appelé les prêtres, sachant qu'il n'avait pas besoin de cela.

11. Quand donc tous les ministres de la religion montée du puits de l'abîme se trouvèrent au pied du grand trône, celui qui y était assis se leva et dit : Allez-vous en tous : vous n'êtes plus rien : j'assume et j'absorbe tous vos pouvoirs, toutes vos dignités, toutes vos fonctions. Désormais il n'y a plus de pouvoir que le mien ; sur la terre il n'y a

plus de pontife que moi, plus de roi, plus de maître, plus.... de...... Dieu — et ces dernières paroles ne sortirent qu'avec fatigue, entrecoupées, sourdes, incertaines, de son gosier resserré et de sa bouche prise d'un tremblement horrible.

12. Alors devant lui ils passèrent tous l'un à la suite de l'autre, et ils se prosternaient à ses pieds : après quoi il leur arrachait les signes de leur vain pouvoir, qu'il plaçait d'abord sur sa tête, et qu'ensuite il jetait avec mépris dans la boue.

13. Et chacun d'eux venait à son tour, et avant de se retirer il baisait les bases du trône et les pieds de l'homme; ensuite il recevait une chaîne, et il s'en allait. Et les uns s'en allaient en riant et les autres s'en allaient en pleurant.

14. Enfin quatre ministres vinrent aussi qui portaient les signes de la plus grande dignité. Or, trois d'entre eux déposèrent leurs mitres et leurs bâtons de pasteurs et les enseignes sacrées ; et je vis qu'ils baisaient les pieds du grand fantôme qui prenait leur place, et ils recevaient leurs chaînes, et ils se retiraient pleins d'ignominie et de tristesse.

15. Mais le dernier vint ; et celui-ci ne se prosterna point : il resta fièrement debout, tenant sa mitre dans une main, et il dit : Tyran, je ne reconnais pas ton pouvoir, je n'obéis pas, je te méprise, je te maudis.

16. Mais quoi ! Mes yeux s'ouvrent..... Mon esprit s'éclaire..... Je vois, je vois..... Tyran, ma religion est fausse, la tienne est infâme..... Oui — mon cœur est vaincu. — Dorénavant je rentre dans le bercail du pasteur ; je confesse à la face du ciel et de la terre cette Eglise des Saints, bâtie par les mains de Dieu sur Pierre le Galiléen à qui elle a été donnée en héritage jusqu'à la consommation des siècles pour prix de son amour trois fois fort ; je la confesse la seule vraie, la seule sainte, la seule qui vivra éternellement, et contre laquelle les portes de ton royaume

et toute ta superbe seront brisées et deviendront comme de la poudre sous un marteau dévorant.

17. Mais, cette robe qui descend de Golgotha, teinte de ses couleurs, et qui vient toute brillante de lumière et portée par quatre anges ! Et ces enseignes qui viennent des dômes sacrés de la Basilique éternelle !... Levez-vous, ô justes ! Prépare tes cantiques saints, ô fille de Sion ! Portes du ciel, réjouissez-vous ! Les derniers triomphes de l'épouse assise au désert sous la tente de l'époux se préparent. Mais à toi, ô tyran, malheur ! Le jour vient sur toi, sur ton empire, le jour de la vengeance dernière.

18. Et en disant ainsi, le pasteur de Sion, revenu à son Dieu, jeta sur la terre sa mître et son bâton qui se brisèrent : mais il retint sa croix, et il la redressa, et il l'éleva, et je vis qu'elle prit entre ses mains sa véritable forme.

19. Alors cent mille mains hypocrites, impies, fanatiques, enlevèrent le saint d'Hiérosolyme, et je ne le vis plus, et il mourut en martyr : mais sa croix, qu'il avait plantée là, était restée debout et droite, et personne n'osa la toucher pour la renverser, et la face du tyran devint plus pâle et plus blême qu'auparavant.

20. Et la main mystérieuse s'abaissait toujours, et la voix de colère et de menace répétait : Il n'y a plus de miséricorde, il n'y a plus de miséricorde.

XIII

1. Paroles de prophétie sur l'adoration du dragon. Paroles sur les causes de son pouvoir, et sur les blasphèmes de ses bouches, et sur la punition des peuples, et sur la purification de la terre et la persécution des saints.

2. En ce temps-là la voix du Seigneur parla à Zacharie

et lui dit : Je vais punir la terre, et je vais me servir du dragon. D'abord je vais perdre pour toujours, dans ces ténèbres où elles se sont plu à rester jusqu'ici, toutes les nations de l'idolâtrie. Ensuite je vais jeter sous le pressoir et dans le creuset ces peuples aveuglément sages, perfidement hypocrites et impies, qui, après avoir voulu *réformer* mon œuvre et refaire mes voies, après m'avoir outragé jusqu'ici, se font encore attendre. Rien ne peut plus les ramener; au milieu de la lumière ils n'ont pas voulu voir; ma parole ils n'ont pas voulu l'écouter ni se rendre à ma longanimité, à mon amour. Voici que je vais les éprouver. On verra s'ils sauront résister à ma main quand je les broierai, et s'ils sauront conserver leur si belle et si vertueuse sagesse; on verra s'ils seront aussi courageux et forts en présence de ma colère qu'ils l'ont été contre toute ma patience, et si leurs chefs mépriseront encore ma voix. On verra.

3. Mais je vais frapper aussi les nations saintes, mes nations, celles qui étaient dans la vérité et la voie, ou qui, n'y étant pas, y sont enfin rentrées; je vais les frapper vigoureusement, et je vais éprouver les saints : et il n'y en aura que peu qui sortiront vivants du feu de la purification.

4. Prophète, parle aux enfants des hommes, et parle aux filles des nations; parle surtout aux chefs des peuples et dis-leur : Voici ce que disent le Fils et le Père et l'Esprit-Paraclet, Dieu.

5. Vous êtes des insensés, car les voies de la sagesse sont loin de vous. Vous êtes des ivrognes : vous vous êtes fait des vignes avec vos mains, avec des ceps plantés par vos mains, et vous vous êtes enivrés ensuite du vin de vos vignes, après quoi vous vous êtes éloignés de ma vigne à moi en fuyant tous les chemins qui y conduisaient.

6. Vous êtes des idolâtres : vos mains ont fait des idoles et votre cœur les a adorées. Vous êtes des tyrans, et tous

plus ou moins vous avez enchaîné la vérité et persécuté mon Christ. Regardez vos mains : ne sont-elles pas pleines de sang et de rapines ? Et vos pieds ne marchent-ils pas en arrière ? Je vois une nuit au-dedans de vous, une nuit noire.

7. Appelons donc le ciel et la terre en jugement : qui d'entre vous n'a pas repoussé la lumière, fermé les voies à ma justice que rien ne doit ni ne peut arrêter, et chargé de chaînes ma parole vivante ? Qui d'entre vous ne s'est pas moqué de mes ordres, n'a pas méprisé mes menaces et mes prières ? Vous avez mis sous vos pieds tous mes commandements depuis le premier jusqu'au dernier, en les enveloppant de plus de votre hypocrisie, pour les rendre odieux et devenir ainsi vous-mêmes impardonnables. Je vous ai vus, moi, et je vous connais tous, non comme vous apparaissez aux hommes, mais tels que vous êtes, marchant dans la nuit et chargés de lèpre.

8. Pour vous la simplicité est folie, la fidélité est entêtement ou hypocrisie, et la vertu stupidité. Hélas ! Sur quoi me consolerai-je ! La dissimulation est leur seule loi, et elle est la profession, le culte général et public ; ceux à qui j'ai le plus donné sont ceux qui ont abusé le plus de mes dons, et ils ont servi de maîtres aux autres, eux que j'ai placés plus haut et auxquels j'ai donné tant de moyens et de facilités pour le bien.

9. Zacharie prophète, dis ceci aux hommes : Votre esprit est esprit de mensonge et d'orgueil ; vos œuvres sont la tromperie, l'amour de l'argent et l'adoration de votre corps. Vous avez tous décliné ma voie et vous avez fait pacte d'alliance avec mon ennemi ; avec lui vous avez enchaîné le bien, et au mal vous avez donné pleine liberté. Je me vengerai.

10. Oui, je vais me venger, dit le Seigneur Dieu, contre ma vigne que j'avais plantée pour qu'elle portât des raisins mûrs et qu'elle produisît du vin vigoureux ; mais elle n'a

produit que des raisins bâtards : voilà pourquoi je vais la vendanger.

11. Et que ferai-je des vignes qui ne sont pas à moi ? Je les brûlerai trois fois par le feu pour qu'il n'en reste plus rien : ma colère contre ces vignes est grande, et ma fureur contre le dragon est insatiable.

12. Fils de la terre, tous vous avez plus ou moins péché : tous vous allez passer par le feu de la tribulation. Je m'en vais vous livrer au dragon ; vous serez sous son ventre, vous serez au milieu de ses chaînes pour le temps voulu, afin que l'expiation soit entière pour ceux qui ont péché beaucoup comme pour ceux qui ont péché peu.

13. J'ai cependant fait une chose, dit le Seigneur Dieu : de cet anathème j'ai excepté deux nations et deux nations qui ne vont pas être soumises au dragon : je me les suis réservées pour la punition du fils de Satan et pour le jour de ma vengeance.

14. Néanmoins, elles aussi elles seront bien travaillées par la tribulation cruelle durant le temps qui est marqué, et elles souffriront beaucoup, et l'esprit du dragon recevra le pouvoir d'éprouver les justes et de persécuter les saints de ces nations, surtout ceux de deux d'entre elles. Heureux ceux qui résisteront à l'esprit du dragon et qui sortiront sains et saufs de l'épreuve ! Or l'épreuve est courte, et après l'épreuve vient mon jour, dit le Seigneur Dieu.

15. Qui a des oreilles pour entendre qu'il entende ce que dit le Seigneur aux terres des nations.

16. Mais alors je vis une vision douloureuse. Depuis que la main divine s'était montrée levée et étendue sur le dragon il s'était passé un mois, et depuis que celui-ci avait fait ses dernières conquêtes il s'était passé un mois et une semaine, et maintenant il lui restait dix semaines.

17. Or, pendant le temps qui lui restait, il reçut un grand pouvoir : et je vis qu'il soumit tous les peuples sous son

joug, et toute la terre courut après lui et écouta ses paroles; et il fut adoré ; et il régna sur la terre durant deux mois et une semaine, mais ce fut comme s'il eût régné durant deux siècles, car le mal qu'il faisait est indicible : tous les hommes couraient après lui et il se faisait adorer, et tout le monde l'adorait, excepté les saints.

18. Cependant ne furent pas soumises positivement au dragon les deux nations qui l'avaient frappé à la tête de la grande blessure, ni les deux autres qui étaient accourues les premières à l'appel du vieillard saint, Italie belle et fameuse et la fille des Césars. Seulement elles subirent elles aussi une certaine influence de l'esprit du dragon, et elles furent éprouvées, et leurs saints furent beaucoup persécutés durant deux semaines et deux jours. Ainsi le dragon régna sur elles selon le pouvoir qui lui était donné durant dix jours et sept jours : et cela se faisait pour accomplir les mystères et afin que les nations saintes fussent purifiées et que l'expiation fût entière.

19. Pendant ce temps les nations saintes, réservées pour le jour du Seigneur, souffraient et se purifiaient ; mais elles étaient prêtes, et elles se montraient impatientes, et elles relevaient la croix qui était dans leurs mains et sur leurs drapeaux déjà déroulés : néanmoins le signal ne leur était as donné, et elles attendaient.

20. En ce moment je ne comprenais pas d'où venait au dragon toute cette puissance. Alors le Seigneur me dit : Considère l'homme du grand trône. Et je le considérai : et je vis en lui une chose que je n'avais pas encore vue, car j'y vis une bête ; et la bête avait des signes et un caractère comme ceux du dragon, mais elle ressemblait à un agneau, et elle avait deux cornes comme les cornes d'un agneau.

21. Or, l'esprit de Satan habitait en cette bête, et cette bête exerçait en faveur du dragon tout le pouvoir de Satan, et c'était ce pouvoir qui avait soumis la terre durant deux

mois et une semaine qui seront le temps donné au règne de la tyrannie ; mais le temps donné à l'épreuve des nations réservées et à la persécution des saints ne sera que dix jours et sept jours, et la bête qui a des cornes d'agneau n'aura point de pouvoir pour l'épreuve et la persécution au-delà de ces jours.

22. En attendant le dragon régnait son règne de la tyrannie; et des paroles de blasphème furent dans ses bouches et dans les bouches de la bête aux deux cornes ; et les hommes de toute tribu, de tout peuple et de toute langue, répétèrent ces paroles, et ils adorèrent une image qui était l'image du dragon. Et la bête aux deux cornes, qui exerçait le pouvoir de Satan, faisait de grands prodiges, et prenant tous les hommes qui adoraient, elle les marquait à la main droite et au front du caractère et du nombre du dragon.

23. Et je vis que quelques-uns n'étaient pas marqués de ces signes, mais ils étaient en petit nombre, et ils étaient frappés et mis à mort par la bête aux deux cornes. Or, ceux-là étaient les Saints, et les Saints étaient seulement dans l'Eglise une et vraie, la fille du Christ venue de Jérusalem la sacrée et établie à Rome l'éternelle, et c'étaient surtout les enfants de France et d'Ibérie.

24. Et la main divine s'abaissait toujours; et en ce moment je la vis descendre plus élargie, plus menaçante, plus prochaine que jamais ; et la voix cria plus fort : Il n'y a plus que peu de temps — la fin arrive — malheur à l'empire d'Aquilon !

XIV

1. Alors l'homme du grand trône qui était le dernier roi d'Aquilon se leva, spectre effroyable, ressemblant au

génie du mal quand il se montre aux réprouvés sous les arcades brûlantes des cavernes éternelles.

2. Il apparut entre les fumées de l'adoration, la tête chancelante de ses délires, l'œil troublé par ses fureurs ; il se tint debout, dominant de son front tous les fantômes ; trois fois il se tourna vers toutes les parties de la terre, trois fois il arrêta sa figure blême et son regard embrasé sur les pays des saints qui lui résistaient.

3. Après quoi il prit la croix, la regarda avec horreur, l'agita. Alors dans sa bouche ses dents se choquèrent au milieu de murmures sourds ; ses mains prises par un subit tremblement furent ébranlées ; ses genoux chancelèrent ; sur sa tête la couronne de fer trembla ; et... ô ciel ! le signe des cieux, il le jeta au loin, en hurlant ces paroles : Malédiction... au Christ !

4. Les débris sacrés s'en allèrent épars. Entre les Océans la terre épouvantée flotta ; dans les cieux des signes ardents apparurent, et les astres sortirent de leurs orbites ; parmi les hommes passa un effroi subit : les vieillards eurent des visions lugubres sur les tombes des morts ; les entrailles des femmes enceintes furent déchirées ; l'intérieur des sépulcres s'agita comme prêt à s'ouvrir ;

5. Au lac de Génésareth la barque de Pierre parut devoir être emportée par la tourmente ; ployé sur la tombe des apôtres, le Vieillard du Vatican crut sentir s'en aller de sa tête sa couronne éternelle, et sur les cimes de la montagne sainte du sacrifice, l'Esprit gardien du Calvaire s'attacha à l'arbre divin de la vie qui semblait vouloir se renverser.

6. Malédiction !... répéta le sombre fils des enfers. Puis, étendant une main vers le Midi et l'Orient et l'autre vers le Couchant, la première du côté de Sion, la ville des douleurs, et l'autre du côté de la cité des gloires et de la sainteté, Rome l'éternelle, il dit :

7. Ville d'impuissance et de folie, méprisable Jérusalem,

tremble au milieu de tes ruines et de tes désolations : ton heure a sonné; ta vile gloire va tomber avec tes faibles murailles et tes tours impuissantes qui vont être renversées pour la dernière fois dans la poussière ; le tombeau de ton Saint va être détruit pour toujours; pour toujours ton signe infâme disparaîtra de la montagne maudite que je ravagerai de mon épée dévorante, et où je placerai après cela une de mes couronnes : pour toujours mon étendard remplacera ton étendard, et mon bouclier fermera à jamais la bouche de ton misérable sépulcre.

8. Et toi, ville déchue, Rome prostituée, malheur à toi ! En toi je ne laisserai rien de sain ; je te briserai tout entière ; pierre par pierre, tes enceintes, tes monuments, tes temples, je les enlèverai. Vieillard vil et infirme, toi qui dans ta perfidie secrète, dans ton orgueil hypocrite et suranné, t'es promis de me résister, de me braver, toi, chef impuissant des révoltés, je vais t'offrir en exemple et en spectacle au monde épouvanté. Sur ton sein sanglant je déchirerai ta pourpre inutile; sur ton front je briserai ta tiare sans force ; le feu de mon indignation consumera ceux qui se disent tes saints et les serviteurs de ton Dieu, et sur les débris de ton arche brisée, j'établirai le trône de mon éternel pontificat.

9. Qui ose me résister?... Et le tyran se tourna, en disant ces mots, du côté des nations réservées, qui méprisaient ses menaces et n'attendaient que le signal pour attaquer le dragon et le mettre à mort; et il considéra surtout les Saints, qui défiaient ses fureurs, et dont les dix jours et les sept jours de persécution étaient sur le point de s'achever.

10. Alors sa face devint plus blême, plus affreuse, son œil plus ardent; ses lèvres tremblèrent de rage, de désespoir ; et, de cette même main qu'il tenait tendue vers Rome, la cité des Saints, désignant aussi les nations du Seigneur, il répéta : Qui ose me résister? La terre est devenue ma

proie, les rois sont mes esclaves, le monde est sous mes pieds. Volez sur les mers, vaisseaux rapides; passez par les cités, ô épées, dévorantes; allez, ministres de ma colère, allez, et sur les eaux, et sur les terres, ceux qui n'adorent pas, les vils fanatiques, les stupides superstitieux de la prostituée, dévorez-les par le feu vengeur..

11. Je le veux. Je le puis. Adore, ô terre... et toi... ciel... Le tyran ne put achever : sa bouche se remplit d'écume; deux et trois fois elle s'ouvrit, mais il n'en sortit que comme de sourds râlements. Une effrayante vision avait passé devant ses yeux, et ses yeux s'obscurcirent, et sa tête appesantie s'inclina, et il tomba sur son siége.

12. Mais au même instant les trois fantômes premiers assistants du grand fantôme, et tous ceux des premiers cercles et des premiers triangles de trônes, se levèrent en masse et se dirigèrent des deux côtés que les deux mains avaient désignés: et ils se préparaient à enlever l'arbre du Calvaire, à enchaîner le Vieillard du Vatican, à subjuguer les nations réservées, à détruire tous les Saints de la terre, et à noyer au milieu des ténèbres, dans le sang et les dévastations, le monde entier.

13. Et mes yeux virent toute la terre ceinte, de la Scandinavie au Mozambique, du Labrador à la Sénégambie, d'un double rang de bronzes destructeurs. Or le premier rang était tourné sur les mers en dehors qui se trouvaient toutes couvertes de navires, et le second était tourné en dedans sur la terre muette : d'abord, pendant quelques moments, de la bouche obscure des lourds et sombres tuyaux je vis sortir silencieusement, et s'en aller en spirales agitées, un double rang de noires colonnes de fumée; puis, sur toutes les lignes, les bronzes s'embrâsèrent, et ils allaient de toutes parts vomir la mort.

14. Mais alors je vis que les dix semaines s'achevaient. Déjà la main divine était tout à fait abaissée sur le dragon

et prête à frapper. L'ange du Seigneur cria : Voici le jour, voici le jour : et en disant ainsi il s'éloignait, et je vis qu'il s'élevait vers le ciel.

XV

1. Après tout cela voici les paroles que le Seigneur dit à Zacharie le prophète : Fils de l'homme, va, prends la mesure de deux zérets qui porte le nombre 666, et mesure la lance de l'homme de la pointe au pommeau, et la couronne qui est sur les poils de sa tête, et les chaînes qui sont entre ses mains.

2. Prends aussi l'autre mesure de stades qui porte le nombre 666, et mesure le dragon dans tous les sens, en longueur, en largeur et en épaisseur ; mesure ensuite le système des trônes, et le système des chaînes, car l'un et l'autre sont en rapport avec les têtes et les cornes, et les diadèmes qui sont sur les cornes.

3. Et je fis tout cela : et je trouvai que le nombre des mesures de l'homme et du dragon était semblable au nombre écrit sur les mesures du Seigneur avec lesquelles je mesurais : et il était 666.

4. Mais le Seigneur me dit encore : Prends la balance qui porte écrit sur elle le nombre 666 et qui est la balance de la justice vivante ; mets dans un plateau l'homme du grand trône et le dragon, et dans l'autre plateau mets toutes leurs iniquités. Prends en même temps un boisseau qui soit le boisseau de mon indulgence et de mes miséricordes, et mets dans le dedans ces mêmes iniquités : puis pèse et mesure.

5. Et je fis tout cela : et je vis que le boisseau était trop plein et se débordait : quant à la balance elle demeura en

équilibre et les deux poids étaient égaux. Mais le nombre 666 qui était celui de la balance et du boisseau se trouvait dans les deux plateaux de la première, et dans tout l'intérieur de ce dernier, et dans tout ce que j'avais pesé et mesuré.

6. Alors je vis que le nombre mystérieux était écrit sur tout l'homme et sur tout le dragon : sur la lance, la couronne, les trônes, les chaînes, les langues, les têtes, les cornes, et le règne de dessous, et le règne de dessus : et c'était le nombre universel et complet.

7. Mais voici que le Seigneur me dit de nouveau : Fils de l'homme, regarde le dessous et le dessus de la grande tête du dragon, et les bouches, et les têtes, et les cornes et les diadèmes, et compte-les ; regarde aussi les trônes et les chaînes, et les cercles et les triangles, et compte-les.

8. Et je considérai toutes ces choses selon que le Seigneur me l'ordonnait, et je considérai les bouches de dessous et les cornes de dessus, et voici ce que je vis : autour de chaque bouche qui était enfermée dans une tête le nom de blasphème était écrit en entier, et sur chacune des cornes qui sortaient de l'unité des têtes chaque diadème était parfaitement achevé et définitivement assis.

9. Mais le système des trônes et des chaînes était en rapport avec le système des têtes : car autour de chaque tête il y avait un triangle de trônes et de chaînes, et autour de chaque triangle il y avait autant de cercles de trônes et de chaînes qu'il se trouvait de cornes et de diadèmes sur l'unité des têtes.

10. Or je comptai et le compte était complet : car je comptai les têtes et les bouches et les noms de blasphème, et 'en trouvait sept ; et je comptai les cornes et les diadèmes, et j'en trouvai dix.

11. Et je comptai les trônes et les chaînes, et le compte

était complet : car leur nombre était égal à celui des poids et des mesures, et il était 666.

12. Et voici le compte : Autour du grand trône il y avait autant de triangles de trônes et de chaînes que le dragon avait de têtes et de bouches et de noms de blasphèmes autour des bouches : et il y avait sept têtes, sept bouches et sept noms de blasphèmes, et il y avait sept triangles.

13. Et autour de chaque triangle il y avait autant de cercles de trônes et de chaînes que le dragon avait de cornes et de diadèmes sur les têtes : et il y avait dix cornes et dix diadèmes, et il y avait dix cercles.

14. Et le nombre des trônes était aussi le nombre voulu, et il était disposé de cette manière : chaque triangle, à commencer de celui où se trouvaient les trois fantômes horribles, l'hypocrisie, le parjure, l'usurpation, contenait trois trônes ; et chacun des cercles qui entouraient les triangles contenait toujours un trône de plus que celui qui le précédait et un trône de moins que celui qui le suivait. Mais le dernier cercle de chaque triangle n'en contenait qu'autant que l'avant-dernier, et le premier n'en contenait qu'autant que son triangle correspondant, tandis que le second en avait le double du premier.

15. Celui-ci était le nombre des trônes et des chaînes et des têtes et des diadèmes et de tout le système de dessus ; et celui de tout le système de dessous était le même ; et l'un et l'autre s'accordaient avec celui des poids et des mesures ; et tous étaient d'accord en se correspondant l'un à l'autre, et ils formaient le compte des iniquités, qui sera le compte du dragon en ce temps-là, et qui sera un compte plein et complet.

16. Telles sont les choses que je vis en ce jour-là chez le dragon qui est l'empire superbe d'Aquilon, et chez l'homme du grand trône qui en sera le dernier roi : et tout ce que je

vis était le signe voulu, l'accomplissement et le terme dernier de tout ce qui devait être.

17. Quant à la croix je ne la vis plus nulle part en ces lieux : le signe saint avait disparu, et on ne le voyait plus ni à droite ni à gauche, ni debout ni renversé. — Le monstre et le tyran avaient commis leur dernière iniquité.

18. Alors la voix de Dieu se fit entendre et dit : Les comptes sont faits — Les nombres sont justes — C'est l'heure.

XVI

1. En ce moment je vis une vision douloureuse.

2. Au-dessus de l'empire coupable et malheureux, penché sur lui dans une attitude triste, accablée, un ange se tenait.

3. Ses ailes étaient détendues et pendantes ; chargé d'immenses tristesses, son front était attaché à la terre. Tantôt il semblait pleurer de la manière dont pleurent les esprits ; tantôt il soupirait d'une voix douce et attendrie des mélodies de douleur : les notes plaintives de l'élégie sacrée se répandaient autour de lui comme une harmonie du ciel, pleine de ces mélancolies mystérieuses dont on ne saurait donner une idée ; mais lui, il considérait sans cesse l'empire qu'il n'avait pu sauver et qui touchait déjà à sa fin, et il disait et il redisait sa douloureuse chanson, et après l'avoir finie il la recommençait.

4. Tels sont les chants de la mère désolée auprès du lit de son enfant qui ne sera bientôt plus : debout, ceinte de ses voiles noirs et traînants, ployée sur la figure décolorée de celui qui se meurt, elle pleure, elle pleure encore, et rien ne peut la consoler.

5. Ainsi étaient les lamentations de l'esprit des cieux. C'était l'ange de l'empire d'Aquilon qui allait abandonner

cette puissance superbe qu'il ne pouvait plus protéger, et sur laquelle arrivait déjà l'ire inexorable du Dieu vengeur.

6. Et comme j'avais toujours les yeux fixés sur lui, je le vis suspendre un moment ses plaintes, et contempler en silence pendant quelque temps l'empire voué à de terribles destins;

7. Puis, s'inclinant respectueusement comme pour adorer les éternels décrets de la justice divine, lentement et avec tristesse il s'en alla, emportant dans ses mains le bouclier protecteur et les enseignes sacrées.

XVII

1. Vision sur le jour de la colère. Vision sur la venue de l'épée.

2. Alors je vis venir une épée faite d'une manière dont on ne peut avoir l'idée : et voici comment elle venait, et voici comment elle était faite :

3. Elle venait du côté de l'Orient, et elle se dirigeait vers l'Occident, et elle marchait comme l'aile des tempêtes précédées de la foudre.

4. Elle avait dix tranchants et dix pointes. Or les tranchants étaient également affilés, et les pointes, également aiguës; et chaque pointe était formée d'un métal différent, et chaque tranchant l'était de trois métaux encore différents.

5. Pour la garde c'était un triple anneau composé de sardoines, de chrysolithes et de diamants brillants : et chaque anneau était ceint d'un arc de flammes vives qui rayonnait d'un triple éclat.

6. Mais le pommeau était encore plus étonnant : il était d'une grosseur prodigieuse, et il avait des rapports avec toutes les autres parties de l'épée : toutes les pointes et

tous les tranchants sortaient de lui et revenaient à lui par des lignes diverses fortement dessinées en nervures vigoureuses. Le métal dont il était fait ressemblait à de l'airain fondu dans une fournaise, mais ce n'était point de l'airain, et je ne puis dire quel nom il avait, car il n'existe pas sur la terre et il n'a point de nom dans notre langue. Pour la façon du pommeau, elle ne peut être décrite à cause qu'il n'y a rien de comparable ici-bas.

7. Or, tout ce qui composait l'épée avait été pris dans les usines éternelles de la colère; et l'épée était toute vivante, et c'était l'épée dévorante de Dieu, le Dieu des armées.

8. Et elle venait de l'Orient, et elle marchait semblable à l'aile des tempêtes précédées de la foudre.

9. Et en passant, chaque tranchant laissait tomber des gerbes de flammes et de lumière ; et toutes les contrées par où l'épée passait étaient régénérées : elles étaient purifiées par la flamme, et elles étaient illuminées par la lumière, et la terre était comme renouvelée sous l'influence de l'épée.

10. Or elle marchait toujours : et de l'Orient où les tranchants avaient laissé tomber la lumière, elle se dirigea vers l'Occident auquel elle communiqua une force invincible, la force qui est dans le pommeau, et qui est sagesse en même temps qu'elle est puissance. Mais cette force, je vis qu'elle la communiqua surtout à la nation grande et magnanime, France, fille de la gloire et du génie.

11. Et la lumière fut donnée à l'Orient, et la sagesse et la puissance furent données à l'Occident.

12. Mais au même instant je vis une autre vision. Les deux nations saintes et glorieuses, France et Ibérie, reçurent le signal voulu et se levèrent; et les deux nations qui étaient accourues les premières à la voix du Vieillard, prédicateur de la croisade prochaine, se levèrent; et avec elles, brisant enfin leurs chaînes pour la dernière fois, et acqué-

rant avec les lumières de la vérité la puissance et la sagesse, se levèrent les autres nations qui devaient vivre, ayant à leur tête Polska, noble fille de l'héroïsme et du martyre.

13. Et toutes ces nations venaient de toutes les parties de la terre, de l'Orient et du Midi et du Septentrion, et de l'ancien et du nouveau monde, et du milieu des fleuves, et d'entre les îles des mers ; et elles se rapprochaient ; et elles avaient toutes reçu la lumière ; et elles étaient entrées toutes dans les voies du salut :

14. Et quand elles furent réunies, le Vieillard, levant la main, bénit les peuples et donna le signal : tous les saints étendards se déployèrent en même temps ; toutes les épées frémirent et brillèrent ; un cri partit des quatre coins du globe pareil à un cri de victoire : Dieu le veut, Dieu le veut. Les saintes armées s'ébranlèrent, et tous les peuples bénis s'élancèrent du côté où se dirigeait enfin l'épée aux dix tranchants après avoir parcouru la terre, en répétant : Dieu le veut, Dieu le veut.

15. Alors l'épée aux dix tranchants alla se placer dans la main qui était étendue et abaissée sur l'empire d'Aquilon.

16. Et d'une extrémité du ciel à l'autre, une voix retentit qui disait : Le Seigneur a pris son glaive.

XVIII

1. Des profondeurs du gouffre noir où il était un instant descendu pour régner sur les ombres des morts sempiternels, le fils de l'abîme vit toutes ces choses, et il se précipita.

2. Satan s'élança vers les régions du jour. Il accourut près du dragon son premier-né, l'esprit de son esprit et le cœur de son cœur, afin de le protéger, afin de conserver

l'immense empire qui était son œuvre et qu'il voyait menacé de si près.

3. C'était un acte d'audace orgueilleuse, insensée : mais l'archange des ténèbres est infiniment superbe et audacieux, et d'éternels vertiges troublent son esprit. La rage, la douleur, la honte et un effréné désespoir, le poussaient : il venait, décidé à soutenir dans une dernière et suprême lutte les prétentions de l'enfer. Il arriva; il se plaça en présence de l'homme du grand trône, et il lui dit : Courage : je suis ici.

4. Soudain, sous la voûte des cieux une immense lumière se fit. C'était Michel, l'archange sublime, premier-né des Esprits, prince et chef des milices triomphantes de l'Eternité.

5. Il venait des arsenaux vivants où se conservent les armes redoutables de la fureur divine, et où il était allé prendre l'instrument de la vengeance. Il apparut. Je le vis s'élancer rapide et éclatant comme l'éclair, menaçant et terrible comme le souffle de la colère de Dieu dans les hauteurs du firmament : il descendait les cieux : un manteau de flammes était son vêtement, pareil à l'égide éternelle des batailles; un arc de lumière était autour de sa tête; sous ses pieds volait le chariot des victoires; entre ses mains étaient le crible préparé et les sept coupes du vin, et à ses côtés marchait un ange portant une trompette au son éclatant.

6. Il arriva; de sa poitrine ardente s'échappa un cri formidable pareil au bruit multiplié de mille tonnerres : Qui peut se mesurer avec Dieu? A cette voix les cieux furent ébranlés; la terre tressaillit et chancela; les abîmes noirs s'entrouvrirent; et, semblable à une comète qui roule incertaine, à-demi éteinte, et s'abîme, Satan descendit dans les obscurités éternelles.

7. Alors de la trompette sortit un son qui se répandit

sur toute la terre, et Michel s'écria : Cieux et terre, préparez-vous : le Seigneur va se lever.

8. Dans la main divine l'épée aux dix tranchants tournoya; les quatre vents sur lesquels était portée la main, les foudres volants, les charbons embrasés et les chariots des tempêtes qui veillaient tout à l'entour, se montrèrent et dirent : Nous voici. Et le temps donné au dragon étant achevé, le Seigneur leur répondit : C'est l'heure.

9. Mais en même temps j'entendis une autre voix qui répondit à la voix du Seigneur, et qui répéta : Oui, c'est l'heure. Et cette voix n'était pas celle d'un ange ; et j'étais étonné à cause de cela. Mais un instant après je compris la chose, car entre tous les signes de la vengeance et au milieu de tous les ministres de la colère, je vis apparaître le faux prophète, pasteur des loups de Turkomanie, esprit noir de la fatalité et génie vengeur des iniquités d'Aquilon.

10. Et je vis que c'était lui qui avait répondu à la voix du Seigneur ; et je lui entendis dire encore ces paroles : Il est enfin arrivé le jour : c'est pour me venger que je l'ai protégé : c'est l'heure, c'est l'heure. Et il se réjouissait ; et il applaudissait à la vengeance imminente.

11. Enfin la main divine remua : au milieu des vents, des foudres, des charbons et des tempêtes, les dix tranchants de l'épée brillèrent subitement d'un éclat terrible ; le crible vivant tourna entre les mains de l'Archange, comme un globe immense de feu ; l'une après l'autre les coupes s'inclinèrent, et l'œuvre de la justice et de la vengeance commença.

XIX

1. Prophétie de malheur contre la couronne d'orgueil du fils de l'Aquilon. Arrivée du jour de la colère à venir, jour

grand et très-amer, jour de douleur et d'épouvante, jour enveloppé de ténèbres et rempli de désolation.

2. Vision grande. En ce jour je vis le Seigneur provoqué, se lever armé de son glaive, et sa fureur s'allumer ; je vis les coupes se vider ; je vis l'épée vengeresse descendre plusieurs fois et les nations de la terre frapper sur le dragon et applaudir à la vengeance : et la colère ne pouvait s'apaiser, et le feu de l'indignation ne pouvait s'éteindre, et rien ne pouvait plus sauver l'empire d'Aquilon.

3. D'abord il y eut un quart-d'heure de silence universel. Et après que le quart-d'heure fut fini, le signal fut donné.

4. La main remuait et donnait le signal. Et quand la main remuait, l'ange qui tenait la trompette sonnait, et une coupe était renversée, et l'épée descendait avec tous les ministres déchaînés de la main.

5. Or, sept fois l'ange sonna de la trompette, et sept fois tombèrent sur le dragon la main inexorable, et les coupes dévorantes, et l'épée vengeresse ; et sept fois il fut frappé de plaies effroyables, et démembré, et détruit :

6. Car, chaque fois que la trompette sonnait, Michel versait une coupe dans le crible : et le vin de la fureur s'échappait en gouttes brûlantes par les dix ouvertures, et tombait sur toute la septième partie du dragon : et toute la septième partie du dragon devenait gangrenée.

7. Et toutes les fois qu'une coupe était répandue, l'épée s'élançait avec la septième partie de ses tranchants, et elle enlevait la septième partie du dragon : et tout ce qu'avaient touché le vin et les tranchants de l'épée disparaissait et n'était plus.

8. Et comme l'homme du grand trône portait l'image et le caractère et le nombre du dragon, tout ce que les coupes et l'épée faisaient contre le dragon, elles le faisaient en même

temps contre l'homme du grand trône, et aussi contre les ombres de tous les autres trônes.

9. Mais voici ce qui arrivait encore : quand le vin d'une coupe avait gangrené la septième partie du dragon, il se réunissait sur une tête et il allait se jeter dans une bouche. Or, toutes les fois qu'une coupe était répandue, il se faisait des bruits immenses ; et le dragon se tordait et se contractait en poussant d'affreux rugissements ; et la bouche, où entrait tout le vin de la fureur, devenait comme une cheminée prise par le feu et qui fume en frémissant, et elle jetait un nom de blasphème que répétait l'homme du trône : après quoi l'épée arrivait subitement sur la tête, et se précipitait dans la bouche.

10. Et toutes les fois que les tranchants de l'épée avaient emporté les parties gangrenées, et que les pointes étaient entrées dans une bouche, et avaient fermé une bouche et enlevé une tête, il se faisait un grand silence de stupeur et d'effroi pendant quelques instants ; puis au silence succédaient tout d'un coup des cris et des applaudissements sans nombre, et les nations, du couchant à l'aurore, applaudissaient et disaient : C'est le jour de la délivrance. Le Seigneur est grand, il est puissant, il est juste : béni soit le Seigneur !

11. Et France fille de la gloire, qui aidait le plus le Seigneur dans son œuvre de justice, et qui était comme sa main droite, applaudissait et disait : Béni soit le Seigneur !

12. Et les cavernes des monts, et les sources des fleuves, et les bras des mers, et toutes les eaux inférieures, et toutes les eaux supérieures, applaudissaient et disaient : Béni soit le Seigneur !

13. Et chaque fois, du milieu des applaudissements sortait une voix qui disait : Ce n'est pas fait : frappez encore, frappez encore. Et je voyais que le faux prophète, fatas gardien des iniquités d'Aquilon, se montrait et battait del

mains; et c'était lui qui disait et qui répétait toujours : Ce n'est pas fait : frappez encore, frappez encore.

14. Et toujours la fureur du Seigneur était allumée, et le feu de l'indignation ne pouvait s'éteindre; et toujours la main remuait, et la trompette sonnait, et le vin d'une coupe était versé, et le glaive de Dieu s'abaissait précipitamment avec la main qui le portait; et l'œuvre de la justice et de la vengeance commençait et recommençait sans cesse jusqu'à la consommation.

15. Mais voici comment se fit l'œuvre de la justice et de la vengeance, qui sera l'œuvre du Seigneur Dieu.

16. L'ange qui tenait la trompette sonna pour la première fois, et il se fit un bruit semblable à celui de l'éruption d'un volcan, et Michel versa la première coupe.

17. Le vin de la fureur de Dieu se répandit dans le crible; et il sortit par les dix ouvertures roulantes et embrasées; et il descendit sur les deux queues du dragon, et sur un triangle de trônes, et sur les dix cercles qui entouraient le triangle, et sur les deux diadèmes élevés du côté de l'Aquilon : après quoi il se réunit sur une tête, et il entra dans une bouche, d'où il passa, brûlant les entrailles, jusqu'aux derniers viscères. Et la septième partie du dragon devint gangrenée, et la première bouche jeta son blasphème au milieu d'un tourbillon de fumée.

18. Mais l'épée s'élança avec la septième partie de ses tranchants, et elle tailla tout ce que le vin avait touché et gangrené, et elle enleva la septième partie du dragon : et la première bouche fut fermée, et la première tête fut coupée.

19. Or déjà une fois, France fille de la gloire avait frappé le dragon superbe et horrible, et les nations avaient frappé : et les cavernes des monts, et les sources des fleuves, et les bras des mers, et les eaux des abîmes, avaient applaudi et avaient dit : Béni soit le Seigneur!

20. L'ange sonna pour la deuxième fois, et il se fit un

bruit semblable à celui d'un incendie où l'on jetterait une immense quantité d'huile et de feuilles vertes, et Michel versa la deuxième coupe.

21. Le vin tomba sur toute l'aile gauche du dragon, et sur un triangle de trônes, et sur les dix cercles du triangle, et sur le diadème qui était élevé du côté du Cornus ; et il passa sur une tête, et il entra dans une bouche. Et la septième partie du dragon fut gangrénée, et la bouche proféra son blasphème.

22. Mais l'épée descendit, et elle enleva les parties gangrenées du dragon : et la deuxième bouche fut fermée, et la deuxième tête fut coupée.

23. L'ange sonna pour la troisième fois, et il se fit un bruit semblable à celui d'un tremblement de terre, et Michel versa la troisième coupe.

24. Le vin tomba sur les deux pieds de derrière du dragon, et sur un triangle et sur dix cercles de trônes et de chaînes, et sur les deux diadèmes élevés du côté du soleil couchant : et de là il passa sur une tête, et il entra dans une bouche : et la bouche proféra son blasphème, et une septième partie du dragon resta gangrenée.

25. Mais l'épée fondit sur tout cela, et elle enleva la septième partie du dragon : et la troisième bouche fut fermée, et la troisième tête, coupée.

26. Et France fille de la gloire frappait toujours ; et les nations frappaient : et la terre et les cieux applaudissaient et disaient : Béni soit le Seigneur ! Mais toujours une voix sortait du milieu des applaudissements qui disait : Ce n'est pas fait : frappez encore, frappez encore.

27. Mais voici que l'ange sonna pour la quatrième fois, et il se fit un bruit semblable à celui du choc de deux armées, et Michel versa la quatrième coupe.

28. Or le vin de la fureur sortit du crible, qui se montrait pareil à un météore sinistre qui a perdu sa route dans

les cieux, et qui roule vers la terre épouvantée; et il se répandit sur toute l'aile droite du dragon, et sur la septième partie du système des trônes et des chaînes, et sur le diadème tourné du côté de l'étoile immobile de l'Auster; et il se réunit sur une tête, et il s'écoula dans une bouche : et la bouche proféra son blasphème, et une septième partie du dragon resta gangrenée.

29. Mais l'épée implacable s'élança rapidement, et elle tailla en pièces tout ce qu'avait touché le vin de la fureur : et la quatrième bouche fut fermée, et la quatrième tête fut coupée.

30. Et le monstre fut démembré, et il hurla horriblement. Mais la fureur du Seigneur n'était pas apaisée; et l'œuvre de la justice et de la vengeance n'était pas achevée; et la main divine remuait toujours encore une fois ; et la voix fatale répétait toujours: Ce n'est pas fait : frappez encore, frappez encore.

31. L'ange sonna pour la cinquième fois, et il se fit un bruit semblable à la voix des grandes eaux quand elles sont troublées, et Michel versa la cinquième coupe.

32. Et le vin se répandit sur les deux pieds de devant du dragon, et sur un triangle de trônes et de chaînes, et sur les dix cercles d'un triangle, et sur les deux diadèmes assis avec leurs cornes à l'embouchure des fleuves superbes et au milieu de toutes les îles du monde maritime : après quoi il se réunit sur une tête, et il s'écoula dans une bouche : et la bouche fuma et blasphéma, et une septième partie du dragon fut gangrenée.

33. Et l'épée s'élança; et elle tailla en pièces tout ce qu'avait touché le vin de la cinquième coupe : et la cinquième bouche fut fermée, et la cinquième tête fut coupée.

34. Alors le monstre, fils de Satan, n'ayant plus de queues, ni d'ailes, ni de pieds, jeta des cris affreux en se roulant sur lui-même avec des mouvements désespérés, et des secousses

qui firent trembler toute la terre : et il découvrit le ventre horrible et le grand cercle noir avec tous ses mystères.

35. Je vis alors une chose. Des sept enveloppes qui recouvraient les langues, cinq enveloppes avaient disparu ; et de toutes les langues et de tous les dards, cinq fois la septième partie avait disparu ; et ce que les coupes et l'épée avaient fait contre les membres extérieurs du dragon, et contre le système des têtes et des cornes et des diadèmes qui était le système des trônes et des chaînes, lequel était le règne visible de la tyrannie, fille de l'orgueil, fille du mal, elles l'avaient fait contre le système des langues et contre le cercle ténébreux du nombril, qui était le cœur du monstre, et qui était le siége du règne invisible de l'impiété, fille de l'hypocrisie, fille du mal : et de même qu'un système avait répondu à l'autre système et qu'un règne avait ressemblé à l'autre règne, de même la vengeance avait été semblable et égale.

36. Et je vis une autre chose. Déjà l'homme du grand trône avait été frappé de cinq plaies mortelles ; déjà cinq fois la septième partie de l'image et de la ressemblance qu'il avait eues avec le dragon avait été détruite chez lui, et avait disparu ; et cinq fois la septième partie de sa lance, de sa couronne, de ses chaînes, et de toutes les choses qui avaient fait sa puissance, manquait à son orgueil et à sa domination : et il poussait des cris de désespoir et des blasphèmes d'impiété semblables aux blasphèmes du dragon.

37. Mais après toutes ces choses, la fureur du Seigneur n'était pas apaisée, et sa main était toujours levée.

38. Du milieu des quatre vents sur lesquels elle était portée, la main divine remua et donna le signal ; l'ange sonna de la trompette ; le bruit qui se fit était comme celui que font les ailes du chariot de Jéhovah, quand le Dieu des armées traverse les cieux au milieu du souffle de sa colère.

39. Alors Michel versa la sixième coupe : le vin de la fu-

reur tomba sur tout le ventre du dragon, qui se contracta et s'agita horriblement en poussant des rugissements épouvantables ; et il se répandit sur un triangle et sur dix cercles de trônes, et sur la sixième enveloppe des langues, et sur la septième partie du système de dessus et du système de dessous, du règne visible de la tyrannie et du règne invisible, mais devenu déjà visible, de l'impiété, ainsi que sur la corne et sur le diadème qui regardaient l'aurore du côté des astres du matin : après quoi il se réunit sur une tête, et il se précipita dans une bouche : et la bouche jeta son blasphème ensemble avec le noir tourbillon de la fumée pestilentielle : et tout le ventre fut gangrené et il devint tout corrompu et puant.

38. Et soudain l'épée s'abaissa avec la main inexorable qui la portait, entourée des vents, des foudres, des charbons rouges, et des tempêtes brûlantes ; et elle enleva tout ce qu'avait touché le vin de la sixième coupe : et la sixième bouche fut fermée, et la sixième tête fut coupée.

39. Et France, fille de la gloire, avait déjà frappé six fois le dragon et l'homme du grand trône, fantôme défait et expirant sous la tempête dévorante mais conservant toujours le caractère et une partie de l'image du monstre ; et les nations avaient frappé six fois ; et les cavernes des monts, et les sources des fleuves, et les bras des mers, et les eaux des abîmes, avaient applaudi six fois, et avaient dit : Béni soit le Seigneur !

40. Et il ne restait plus au dragon qu'un triangle de trônes, qui était celui qu'occupaient les trois spectres premiers assistants du grand spectre, et un diadème, et une septième partie des langues, et une enveloppe sur chaque langue, et un corps tout mutilé et informe.

41. Mais malgré cela la voix fatale de la punition ne se taisait pas, et elle répétait toujours : Ce n'est pas fait : frappez encore, frappez encore.

42. Et après toutes ces choses, la fureur du Seigneur n'était pas apaisée, et sa main était toujours levée.

XX

1. Alors je vis venir l'ange tenant sa trompette pour sonner. Et une grande voix se fit entendre qui s'étendit de l'orient à l'occident et qui dit : La dernière coupe, la dernière coupe.

2. Ce qui restait encore du dragon fut pris d'un frisson qu'on ne peut peindre; les portes de l'abîme s'ouvrirent pour pleurer; la terre s'arrêta, attendit, et tous les ministres de la fureur de Dieu se préparèrent.

3. Mais Michel vint aussi. Il tenait dans ses mains la septième coupe : il regarda la terre, il s'inclina devant les cieux; puis, se relevant, il jeta un immense cri de triomphe, et il dit : Qui est semblable au Très-Haut?

4. La trompette sonna. Il se fit sur toute la terre comme un long brisement de chaînes, et il s'y entendit comme une sorte de soupir large et prolongé, semblable à ce souffle que versent la joie et la liberté hors du sein de celui, qui après une longue captivité, se sent enfin libre.

5. En ce moment l'Archange versa la coupe. Toutes les nations trépignèrent longtemps ; le monde fut pris comme d'un délire universel de joie ; une et deux fois les cieux illuminés s'ouvrirent et tonnèrent, et Michel répéta, ensemble avec la voix solennelle de la terre et des cieux : Qui est semblable au Très-Haut? Qui est semblable au Très-Haut?

6. Or le vin de la fureur de Dieu sortit du crible, instrument de purification, que le Seigneur avait fait cette fois instrument de vengeance; et il descendit semblable à dix étoiles qui fileraient, toutes rouges de feu, dans les cieux lointains, et il se répandit sur tout ce qui restait du dragon.

12.

7. Et de la dernière bouche du monstre il s'échappa un épais tourbillon de fumée ; mais le blasphème n'en put sortir, car l'épée y entra aussitôt, et elle en sortit, et elle avait déjà dévoré tout ce que le vin de la septième coupe avait touché.

8. Alors de tout l'homme et de tout le dragon je ne vis plus, là entre le sang et la fange, qu'un tronc impur, informe, horrible.

9. Cependant l'œuvre de la justice et de la vengeance n'était pas encore achevée, et la voix fatale ne se taisait pas, et elle répétait toujours : Ce n'est pas fait, frappez encore.

10. Et après toutes ces choses, la fureur du Seigneur n'était pas apaisée, et sa main était encore levée.

XXI

1. En ce moment il se fit encore un quart d'heure de grand silence. Et pendant ce temps les hommes regardaient le tronc du dragon et celui de l'homme qui avait porté l'image et le caractère du monstre ; et ils contemplaient avec stupeur ceux qui avaient régné sur le monde ; et ils se baissaient pour les reconnaître, et ils disaient : Est-ce là qui est resté de l'orgueil de l'homme, et de la puissance du dragon ?

2. Et en même temps je levai les yeux, et je vis que la main divine était encore levée et étendue ; et l'épée était encore dans la main avec ses dix tranchants ; et le crible était toujours suspendu sur ce qui restait de l'homme et du dragon.

3. Or, comme je ne comprenais pas ce que cela signifiait, je considérai les restes mutilés, et je m'aperçus qu'il y avait en eux encore quelques mouvements de vie.

4. Mais tout à coup j'entendis ces paroles : Vient la consommation totale. Et au même instant je remarquai que le tronc du dragon avait été retourné sens dessous dessus, de sorte que le grand cercle noir, qui conservait encore quelques apparences défigurées de ses formes monstrueuses, fut tourné vers le ciel : et je remarquai qu'il était encore vivant.

5. Alors voici ce qui arriva. Toutes les choses taillées en pièces et enlevées par l'épée, après avoir été dévorées par le vin de la fureur de Dieu, reparurent : masse informe et hideuse de débris et de ruines, mélange impur des restes de la tyrannie encore tout fumants du feu de l'indignation divine, mais ayant néanmoins toujours un caractère d'existence.

6. Et toutes ces choses furent jetées pêle-mêle dans le grand cercle noir. Et après cela Michel recueillit tout le vin des sept coupes, et il le répandit dans le crible, et le vin sortit du crible, semblable à dix sources de feu, et il tomba dans le cercle des ténèbres.

7. Et trois fois l'Archange recueillit le vin, et trois fois il le répandit : et chaque fois que le vin était tombé, l'épée descendait avec ses dix tranchants dans le cercle noir, et elle y passait quelques moments; et pendant qu'elle était là, de tout le cercle noir s'échappaient, comme du milieu d'un embrasement, d'épais et obscurs nuages de fumée.

8. Et trois fois, France, fille de la gloire, frappa sur les restes du dragon et de l'homme, et sur les restes des restes ; et trois fois les nations croisées frappèrent ; et trois fois la terre et les cieux applaudirent à la vengeance finale et complète.

9. Et le faux prophète applaudissait aussi et battait des mains : et il applaudit la première, et il applaudit la seconde fois; mais quand le glaive de Dieu se précipita pour la der-

nière fois dans le cercle ténébreux, le noir esprit de la fatalité d'Aquilon n'applaudit pas : il n'était déjà plus.

10. Or la première fois que l'épée descendit sur les restes, les restes firent des mouvements et donnèrent quelques signes de vie; mais la seconde fois, le glaive divin les rendit immobiles, et la troisième, tout resta consumé.

11. Et de la puissance colossale, et de l'orgueilleuse domination de l'empire superbe, il ne resta plus rien, absolument.

12. Alors je ne vis plus la main du Seigneur, ni l'épée, ni le crible, ni aucun des signes de la vengeance : et comme je regardais et que je cherchais quelque trace de l'existence du grand empire et du dragon qui en est le symbole, je n'en pus trouver aucune.

XXII

1. Vision de Zacharie sur le signe des triomphes derniers. Mais voici que je vis un signe qui me remplit de joie et d'espérance, et qui chassa de mon esprit toutes les impressions douloureuses que les choses que j'avais vues jusques-là y avaient produites.

2. Et ce que je vis était un prélude des choses qui doivent arriver vers la fin, et un commencement des triomphes futurs.

3. Là, à la place même où s'était trouvé le dragon, droite, radieuse, puissante, une croix était plantée sur la terre :

4. C'était la croix que le patriarche de Solyme avait plantée en ce lieu après sa conversion, et qu'il y avait laissée, en mourant martyr et saint.

5. Et la croix avait un bras tourné du côté de l'Orient et un bras tourné du côté de l'Occident.

6. Et sur le bras qui regardait l'Orient, il était écrit ce mot : lumière ; et sur le bras qui regardait l'Occident, il était écrit ce mot : force ; et sur le front de la croix il était écrit aussi un mot, et ce mot signifiait : paix.

7. Or, tandis que je contemplais avec admiration et transport ces choses, je vis s'illuminer peu à peu tous les lieux qui entouraient la croix.

8. Et la lumière marchait et s'avançait de toutes parts, comme les rayons du soleil qui se lève et qui monte, et la force marchait et s'avançait.

9. Et la lumière était vérité, et la force était vertu ; et la lumière et la force étaient salut et paix, et elles étaient vie et bonheur.

10. Mais quand l'Orient fut illuminé par la lumière qui sortait de l'un des bras de la croix, et que l'Occident fut fortifié par la force qui sortait de l'autre bras, je vis venir celle qui venait : c'était l'épouse qui s'avançait, appuyée sur son bien-aimé, placée sur son lit qui est un trône de gloire, avec la couronne qu'elle a reçue de l'époux, ceinte de ses divins lauriers et de la blanche ceinture de son sein chaste et fécond, et portant dans son doigt l'anneau sacré de ses noces éternelles et de ses éternelles amours.

11. Elle venait : toutes les voies étaient ouvertes à son passage, et son règne, qui sera le règne universel de la vérité et de la justice, était partout préparé.

12. Alors la fille de Sion quitta tous les pays étrangers, et des rives de Babylone je la vis accourir vers l'épouse : les deux vierges se reconnurent et s'embrassèrent sur la montagne sainte, où furent placés à jamais le lit et la couronne de l'Epouse et l'anneau sacré de son doigt.

13. O fille de Sion, pousse des cris de joie ! Reprends tes saints cantiques, dis tes chants de triomphes ! Je te vois devenue reine encore des nations... Je te vois glorieuse, de Tyr et de Sidon redevenue maîtresse, et je vois mille peu-

ples prosternés devant toi, qui de tes pieds baisent la poussière... Pousse des cris de joie et des chants d'allégresse, ô Vierge de Sion!

14. Or, en ce moment je m'attendais à voir de nouvelles et de plus grandes visions; mais mes yeux se fermèrent : et mes yeux ne virent plus rien, et mes oreilles n'entendirent plus rien.

15. Seulement une immense joie se répandit dans mon âme dont les pensées étaient devenues plus grandes, plus sereines, les vues plus élevées, les sentiments plus purs, et quelque chose d'ineffable, une sorte de ravissement céleste, s'empara de tout mon être, où semblait s'être évanoui tout ce qu'il y a d'infirme et de terrestre dans la nature mortelle pour faire place à une autre nature.

16. Alors mon sein ne put contenir les transports qui l'agitaient : et ma bouche s'ouvrit, et ma langue se délia, et j'entonnai un cantique de louanges et de bénédictions à Adonaï le Seigneur, en qui réside la puissance et en qui réside la miséricorde.

17. Je chantais ainsi :

CANTIQUE DE ZACHARIE PROPHETE

ALEPH

Mon âme, glorifie le Seigneur puissant et miséricordieux !
Mes lèvres, bénissez le Seigneur puissant et miséricordieux !

BETH

Le Seigneur remplit le ciel et la terre de sa gloire et de sa majesté. Dans les hauteurs du ciel des cieux est établi son trône, entouré de sphères innombrables, couronné de sept cercles de lumière; mais sur la terre est établi le trône de son cœur et sa plus belle couronne, la miséricorde.

Mon âme, glorifie le Seigneur puissant et miséricordieux!
Mes lèvres, bénissez le Seigneur puissant et miséricordieux!

GHIMEL

Le Seigneur élève et il abaisse; le Seigneur éclaire et il aveugle; le Seigneur renverse et il édifie; le Seigneur donne la force, la lumière et la vie, et il enlève la force, la lumière et la vie.

DALETH

Il veut, il commande, il agit; il regarde, et l'abîme s'éclaire; il parle, et les cieux frémissants se roulent comme un livre; il jette sa main dans les ténèbres, et il les enchaîne; il pose ses yeux sur la terre, et il la vivifie, la féconde, l'embellit.

Mon âme, glorifie le Seigneur puissant et miséricordieux!
Mes lèvres, bénissez le Seigneur puissant et miséricordieux!

HE

C'est lui qui donne à la fleur sa beauté, au ruisseau ses murmures, au désert ses solitudes, et aux forêts des secrets, et aux monts des élévations; c'est lui qui donne les herbes à la prairie et les moissons aux champs, les humeurs à la feuille et la saveur au fruit, sa parure à la terre et sa fécondité.

VAU

Il donne ses vols à l'aigle, au lion son courage, et à Léviathan ses élans et sa force ; il donne à l'Océan ses étendues et ses grandes voix, au ciel ses latitudes et ses splendeurs, à l'astre son équilibre et ses influences, et au jour ses rayons, et ses mystères à la nuit, et son ordre divin à la nature entière. Mais à l'homme il donne plus que tout cela : il lui donne la couronne de son cœur, son amour et sa miséricorde.

Mon âme, glorifie le Seigneur puissant et miséricordieux !
Mes lèvres, bénissez le Seigneur puissant et miséricordieux !

ZAIN

Il assiste le pauvre, il console l'infortuné, il accueille la veuve et l'orphelin, il guérit l'infirme, il pardonne au pécheur, il bénit le berceau de l'enfant et le bâton du vieillard, le sein de la vierge et les entrailles de la mère, le front de l'adolescent et la poitrine du guerrier, et la couche des vivants et le sommeil des morts.

HETH

Qui donne de l'espérance au voyageur exilé ? C'est le Seigneur. Qui lui montre le chemin de la patrie ? qui fortifie ses pieds ? C'est le Seigneur. Le Seigneur se donne à celui qui est humble, et il remplit son âme de joie. Mais au superbe le Seigneur résiste, au superbe il affaiblit et la lumière des yeux et la vertu du cœur : car la miséricorde est au Seigneur, mais au Seigneur est aussi la justice.

Mon âme, glorifie le Seigneur puissant et miséricordieux !
Mes lèvres, bénissez le Seigneur puissant et miséricordieux !

THETH

Mon esprit chante la gloire du grand Dieu! Mon esprit chante surtout les miracles de son amour! Il est celui qui est; son nom est incommunicable et terrible; il s'appelle l'Eternel, et sa gloire n'a point de fin.

JOD

O Adonaï, qui est semblable à vous! Grand dans vos œuvres, sage dans vos conseils, admirable dans les voies de votre justice, et plus admirable encore dans les voies de votre bonté!

Mon âme, glorifie le Seigneur puissant et miséricordieux!

Mes lèvres, bénissez le Seigneur puissant et miséricordieux!

CAPH

Oui, car il est grand, Jéhovah, lorsqu'il parcourt en Dieu les chemins de l'éternité. Les plénitudes des cieux se déroulent, les sources des lumières se découvrent, les profondeurs des abîmes se montrent à nu, le cercle sans mesure des espaces s'élargit encore et devient vivant, et, devant lui, les routes éternelles s'ouvrent et se prolongent d'infini en infini, à travers une succession sans fin d'illuminations toujours plus splendides et de perspectives sans cesse renaissantes.

LAMED

Il est grand quand sa fureur s'allume : il se lève; il prend sa lance qui jette dans les cieux embrasés des lueurs effrayantes: il descend des collines éternelles, précédé de l'aile des tempêtes, entouré du redoutable pavillon des ténèbres, enveloppé de tourbillons brûlants comme d'un manteau; il marche à travers les candélabres ardents que son souffle éteint et renverse; il s'élance, il se précipite, il multiplie ses foudres : les colonnes du firmament s'ébranlent, les collines du monde s'inclinent, l'arc des cieux se brise, les dômes éternels se remplissent d'obscurités redoutables, et l'arche divine, portée sur un triangle de feu, se découvre aux profondeurs de l'Eternité, oscillant dans des fluides lointains de lumière vive et entourée d'éclairs et de foudres qui volent. Alors la création s'arrête tremblante et épouvantée, et elle craint la destruction.

Mon âme, glorifie le Seigneur puissant et miséricordieux !

Mes lèvres, bénissez le Seigneur puissant et miséricordieux !

MEM

Il est grand, Jéhovah, quand sa fureur s'allume et que passe sa justice !....

Mais quand Emmanuel vient parmi nous, plein de grâce et de douceur !... Quand il vient, pasteur d'amour, cherchant à travers les monts et les vallées la pauvre brebis perdue !... Quand il parcourt en pélerin fatigué, en père et en ami des hommes, les voies desséchées de l'exil et les déserts de la vie !.... O Emmanuel, qui peut dire et ta gloire et ta bonté ?

NUN

Oui, chante, ô mon esprit, chante les miséricordes du grand Dieu ! Grande est sa puissance, mais plus grande encore est sa miséricorde ; grande est sa majesté, mais plus grande encore est sa miséricorde ; grande et redoutable est sa justice, saint et terrible est son nom, sages et admirables sont ses conseils, beaux et éclatants sont ses tabernacles ; mais plus grandes, plus admirables, plus belles, sont ses miséricordes.

Mon âme, glorifie le Seigneur puissant et miséricordieux !

Mes lèvres, bénissez le Seigneur puissant et miséricordieux !

SAMECH

Et moi, le pauvre pêcheur converti, que vous rendrai-je, Seigneur, pour tout ce que vous m'avez fait ? Vous avez brisé mes liens ; vous m'avez retiré d'entre le puits de la perdition ; vous avez guéri mes plaies ; à mes yeux vous avez donné la lumière, à mon cœur la paix, à mon âme la vie.

AIN

Que vous rendrai-je, Seigneur, pour tout ce que vous m'avez donné ? Je publierai sans cesse vos louanges ; je chanterai tous les jours vos miséricordes ; je bénirai éternellement votre nom.

Mon âme, glorifie le Seigneur puissant et miséricordieux !
Mes lèvres, bénissez le Seigneur puissant et miséricordieux !

PHE

Rayons de l'aurore, bénissez le Seigneur ; astres du matin, bénissez le Seigneur.

Fleurs de la vallée, bénissez le Seigneur ; herbes de la colline, bénissez le Seigneur.

Fleuves et mers, bénissez le Seigneur ; monts et coteaux, bénissez le Seigneur.

Aurores et crépuscules, bénissez le Seigneur ; nuits et jours, bénissez le Seigneur.

Arbres et plantes, bénissez le Seigneur ; animaux et reptiles, bénissez le Seigneur

Peuples de l'Aurore et du Couchant, bénissez le Seigneur; nations de la terre, bénissez le Seigneur.

Bénissez le Seigneur, car il est grand et tout-puissant; bénissez le Seigneur, car il est bon et miséricordieux, et son nom règnera dans tous les siècles des siècles.

SADE

Je vous loue, ô Dieu, je vous bénis, je vous adore; je crois en vous, en vous j'espère, à vous je me confie. Je vous confesse devant l'univers, avec les légions des anges et les Puissances du ciel, avec les Chérubins et les Séraphins, avec le chœur glorieux des Apôtres, avec la multitude vénérable des Patriarches et des Prophètes, avec l'innombrable armée des Martyrs, avec les éclatantes phalanges des Confesseurs et des Vierges, et avec toute l'Eglise universelle qui est répandue sur la terre.

Mon âme, glorifie le Seigneur puissant et miséricordieux! Mes lèvres, bénissez le Seigneur puissant et miséricordieux!

COPH

Je vous confesse, Père tout-puissant et créateur, et votre Fils unique engendré dès l'éternité, et l'Esprit-Paraclet procédant de l'un et de l'autre, dans l'indivisible unité de la substance éternelle et divine.

RES

Gloire soit à Dieu dans la hauteur des cieux, et sur la terre paix aux hommes de bonne volonté.

SIN

Mon âme, glorifie, maintenant et toujours, le Seigneur puissant et miséricordieux! Mes lèvres, bénissez, maintenant et toujours, le Seigneur puissant et miséricordieux!

THAU

Gloire à Jéhovah le Dieu des armées! Gloire à son Christ, le vainqueur de la mort, le roi des siècles! Gloire à l'Esprit-Paraclet, la lumière des cœurs, le soleil de l'amour, la source des consolations!

Gloire trois fois à celui qui était et qui est et qui doit venir! A lui bénédiction et honneur et puissance, aujourd'hui et toujours, et dans les siècles des siècles, comme il en a été dans le commencement et dans toute l'éternité! *Fiat! Fiat!*

Ainsi chantait le voyant de Juda un cantique à son Dieu. Mais ici son cantique finit. Et quand fut fini son cantique il se tut, et il n'eut plus de visions: et il revint à ses yeux d'homme, et à son esprit d'homme.

En achevant de lire ces dernières lignes, l'anachorète, sans relever les yeux de dessus *le livre du Voyant*, en passa rapidement plusieurs feuillets; mais il ne put le faire assez vite pour que je n'eusse déjà pu remarquer qu'en tête du premier de ces feuillets était écrit un nouveau titre de prophétie, qui était celui-ci :

L'OCCIDENT

J'avais bien envie de connaître les paroles de Zacharie le voyant sur les peuples de la civilisation ; mais je n'interrompis pas le vieillard, qui, parvenu à l'endroit qu'il semblait chercher, s'arrêta, et, sans faire aucune réflexion préliminaire, recommença sa lecture.

LES DERNIERS TEMPS

I

1. Révélation sur la fin, faite à Zacharie, fils de Loammi, fils de Debelaïm, fils de... Judaïa... qui fut... fille... de...

De l'air d'un homme qui sent qu'il s'est trop avancé dans une affaire, et qui pense à revenir sur ses pas, le vieillard hésitait. Il était visiblement sous l'influence d'une réflexion tardive et d'une idée secrète dont je ne pus deviner ni la nature ni le motif. Enfin, après différentes suspensions de voix, il s'arrêta tout court et me dit : Mon fils, il se fait déjà tard, et nous n'aurions pas le temps d'achever. Je me réserve de vous faire connaître les révélations du fils de Loammi sur les derniers jours dans une autre circonstance — et il se reprit — si, dit-il, je le jugerai utile. Cependant, comme il nous reste encore quelques moments, je vais en profiter pour vous faire lecture d'un nouvel écrit de Zacharie : c'est la dernière de ses prophéties, c'est celle qui termine le livre du voyant. Ecoutez : c'est court.

Et l'anachorète, après avoir tourné encore quelques feuillets, lut ce qui suit :

PAROLES DU SEIGNEUR

AUX NATIONS

―――――◆―――――

I

1. Paroles saintes de vérité et de justice, que le Seigneur a données à Zacharie prophète, dans le temps que celui-ci se trouvait en la cité de Rome, afin qu'il les portât aux terres des nations, et aux hommes de tout pays, de toute secte et de toute langue.

2. En ce temps-là j'entendis la voix du Seigneur qui me dit : Fils des prophètes, homme des visions, lève-toi, prends le livre du voyant et la plume d'or, et écris.

3. Et je me levai, et je pris la plume d'or qui avait la base composée de quatre métaux fondus ensemble ; et je me préparai à écrire.

4. Et le Seigneur Dieu dit : Ecris aux nations du Septentrion qui se disent réformées, et écris aux Princes de ces nations, et dis-leur : Au milieu de la lumière, vous êtes dans les ténèbres ; vous êtes vivants et vous êtes morts.

5. Mains meurtrières, pourquoi tenez-vous mon livre saint ? Pourquoi l'avez-vous ouvert et donné à lire à toutes les langues impures et à toutes les bouches muettes ?

6. Princes, pourquoi avez-vous fermé les sources de la

lumière et les voies de la vérité, et avez-vous couru après les ténèbres? Mitres d'Albion, vous n'êtes plus un ornement de la tête, parce que vous l'avez rendue toute chauve et sans chaleur.

7. C'est pour cela, ô nations, dit le Seigneur Dieu, que je vous livrerai au dragon, monstre cruel : et vous serez accablés, ô peuples aveugles; et vous, ô princes injustes et perfides, vous serez frappés et perdus, si vous tenez encore les yeux fermés.

8. Mais ouvrez les yeux, et revenez à la lumière, et faites pénitence : et vous serez sauvés. C'est moi le Seigneur Dieu qui vous le dis.

II

9. Ecris aux nations du Couchant, à celles qui sont dans la vraie voie et la vraie lumière et la vraie vie, mais qui pèchent et qui m'irritent tous les jours. Ecris encore aux Princes qui gouvernent ces nations :

10. Votre esprit est saint, mais votre cœur est impur votre foi est vraie, mais elle est comme une foi morte. Ceux que j'ai mis à votre tête sont comme des enfants ; ceux qui font vos lois sont comme des hommes qui ont bu trop de vin, et tous ils m'ont comme oublié, et ils ont été pour vous un mauvais exemple et une pierre de scandale.

11. Purifiez donc votre cœur dans les eaux du repentir; et que vos Princes, qui sont comme des jeunes gens, pleins d'imagination et avides seulement de puissance, se souviennent que c'est moi qui leur ai donné le pouvoir.

12. Que vos législateurs sachent que mes lois sont des lois saintes, et que celles qui ne sont pas marquées de mon sceau sont des lois de mort.

13. Lavez-vous donc dans l'eau sainte que je vous ai donnée ; revenez à l'ordre et à la paix, et sanctifiez-vous, car la rédemption est chez vous : et je vous donnerai un sceptre d'or et une force vivifiante ; et vous dominerez sur la terre, à laquelle vous donnerez la lumière et la vie qui sortiront de votre sein.

14. Mais si vous n'écoutez pas ma parole, vous serez enveloppés dans la tempête que j'ai préparée. C'est moi le Seigneur Dieu qui vous le dis.

III

15. Ecris aux nations du Midi : Votre prophète est faux, et vous, vous êtes des insensés, car vous vous êtes laissés tromper par des lèvres menteuses.

16. Vous êtes des superstitieux ; vos princes sont des fanatiques ; et tous, vous êtes dans la mort.

17. Brûlez votre livre qui est impie, et qui parle comme la bouche d'un homme frappé de démence.

18. Brisez votre demi-lune, qui est l'étendard de l'enfer : et peut-être que vous ne mourrez pas. Mais si vous n'écoutez pas ma parole, malheur à vous ! Car votre heure arrivera, et votre guérison ne se fera que par une tribulation sans exemple. C'est moi le Seigneur Dieu qui vous le dis.

IV

19. Ecris aux nations du Levant : Vous êtes assises dans les ténèbres de la mort. Vous êtes toutes sous l'empire du démon, et la loi de Satan est toute dans la bouche de vos Jongleurs, de vos Schamanes, de vos Brahmes, de vos Bouddhistes, de vos Mages, et de tous ces insensés impos-

teurs qui sont vos prêtres, mais qui sont des prêtres de mensonge et d'iniquité et de mort.

20. Malheureuses que vous êtes! Vous ne connaissez ni le soleil, ni sa lumière, ni sa chaleur bienfaisante. Qui vous donnera des oreilles et des yeux? Et la force des pieds, et le goût du palais de la bouche, et un esprit, et un cœur, qui vous les donnera?

21. Qui vous retirera des chemins de la perdition? Cependant, pour vous aussi il y a salut et rédemption : car j'ai fait guérissables les nations, et le mal ne doit pas triompher du bien, et c'est moi le Seigneur qui ait fait cela.

22. Cherchez la lumière, et elle vous sera donnée : ou vos ténèbres s'épaissiront encore, et vos yeux seront à jamais fermés. C'est moi le Seigneur Dieu qui vous le dis.

V

23. Ecris à tous les fils de Juda : Attendez-vous encore? Pourquoi fermez-vous les yeux en plein jour? Peuple qui fus autrefois mon peuple, à quoi te comparerai-je? Hélas! y a-t-il rien de semblable à toi? Quels péchés sont tes péchés! quels malheurs sont tes malheurs!

24. Tu n'es plus mon peuple, car tu m'as renié. Cependant je suis encore le Dieu de Jacob, et mes bras sont encore ouverts pour toi, ô Juda. O Jérusalem, rappelle-toi les miséricordes antiques de ton Dieu; réveille-toi, ô fille de Sion, et réponds à sa voix qui t'appelle.

25. O fille de Sion, pour toi, ton Dieu est encore comme une mère qui a toujours de la faiblesse d'amour pour celui de ses enfants qui l'a frappée et qui l'a plusieurs fois reniée : elle l'aime encore, car elle se souvient des jours anciens, et c'est son enfant, et elle l'éleva avec le lait de ses mamelles.

26. Jérusalem, reviens, et tu seras encore la reine des nations. Fils de Juda, si vous résistez encore à ma voix, votre punition sera quelque chose qui ne pourra pas se dire, et qui ne pourra plus jamais avoir d'exemple.

VI

27. Homme des visions, écris encore : écris aux Princes de mon Eglise : Veillez toujours et ne dormez pas ; ne craignez rien ; ayez du courage et de la force : mais gardez-vous des œuvres des hommes, de ces œuvres qui sont dans leurs bouches, et sur leurs mains, et sur leurs habits, et qui sont des œuvres de corruption.

28. Vous êtes au milieu du monde : combattez et ayez de la confiance. Souvenez-vous toujours de celui qui a vaincu le monde, et marchez sur ses traces.

29. Souvenez-vous encore que je vous ai placés à la tête des troupeaux, et que vous avez à combattre contre tous les loups : soyez forts contre les loups, mais soyez surtout bons envers toutes vos brebis, et justes envers tous les Pasteurs des brebis.

30. Et vous tous, Pasteurs subalternes des brebis, vous m'avez donné une bonne preuve de votre courage : et je vous ai éprouvés, et je vous ai connus. Prêtres selon l'ordre éternel du roi de Salem, Melchisédech mon oint, marchez sur les traces de Celui qui a été pontife et prêtre, selon ce même ordre et dès l'éternité. Soyez surtout simples. Je vous le dis : soyez surtout simples, car le défaut de simplicité est le mal qui a gagné tout le monde, et je ne découvre plus sur la terre que fausseté et hypocrisie.

31. Votre œuvre est très-difficile, car vous êtes placés comme entre deux feux ; mais ayez de la patience et soyez saints, et vous vaincrez.

32. J'ai vu cependant qu'il y en a parmi vous quelques-uns qui sont comme des loups dévorants, et qui sont des pierres de scandale : ils sont du monde, et ils marchent parmi les filles des hommes, et ils ont oublié leur origine et leurs destinées, et ils sont devenus les plus stupides, les plus vils et les plus perfides des mortels. Tous les matins ils m'offensent, et tous les soirs ils m'irritent.

33. Or ceux-là je les ai envoyés comme une plaie et comme un fléau sur la terre : mais ce sera encore pire, car ils vont se multiplier et devenir plus nombreux, jusqu'au jour que j'ai fixé, et qui sera un jour terrible. C'est là le châtiment dont je vais me servir contre le monde et contre ce siècle impur et déchu. Mais à eux malheur septante fois et sept fois ! Je les reconnaîtrai, et le monde les reconnaîtra à un caractère qui est sur leur front. Mieux eût été pour ces hommes qu'ils ne fussent jamais nés.

34. J'ai une chose à dire, dit le Seigneur, sur tous les Pasteurs de ce jour, et sur ceux des jours qui viendront durant ce siècle de temps, sur les Pasteurs Premiers et sur les Pasteurs subalternes. Une tentation est auprès d'eux, et un grand danger, et une grande maladie qui tend à les gagner tous et à devenir générale.

35. Mais qu'ils sachent que la charité est le remède à tout cela : la charité est le principe et le lien d'unité de toutes les choses du bien ; la charité est force et vie ; la charité, c'est mon esprit : je suis charité.

36. Prophète, écris aussi au Grand Pasteur, gardien de tous les troupeaux, et pilote de la barque de Pierre qu'il dirige au milieu des mers : Je sais quelle est votre foi et votre charité. Je vous ai vu dans le combat que vous venez de soutenir, et je suis content de vous.

37. Mais ayez plus de courage et de confiance en moi, et ne craignez jamais rien ; car je suis auprès de vous.

38. Ne savez-vous pas que mon bras est avec votre bras, et qu'il n'y a point de force égale à ma force?

39. Ils se réuniront contre vous et contre mon royaume, et ils méditeront en frémissant des projets insensés contre mon Christ et contre l'Epouse de mon Christ;

40. Ils vous persécuteront pendant la nuit, et ils vous assailliront pendant le jour, tantôt avec les bras ouverts et avec la force impie et sacrilége, et tantôt avec les bras fermés et avec l'hypocrisie perfide. Mais vous, soyez sage et fort contre tous : je vous le dis, ils ne pourront rien contre vous, et le dragon ne pourra rien contre vous.

41. Et ceux qui vous persécutent et qui sont vos ennemis seront humiliés; et ceux qui vous voulaient tant de mal seront enfin soumis à votre loi; et ceux qui vous avaient maudit vous béniront. C'est moi le Seigneur Dieu qui vous le dis.

42. Pasteurs, souvenez-vous de ces paroles.

VII

43. Homme des visions, écris ma dernière parole.

44. Ecris à toutes les nations de la terre, et dis-leur : Vos maux sont immenses, et ils sont sans nombre. Or voici le remède à tous vos maux. Mais sachez une chose : sachez que vous ne guérirez pas si vous n'usez du remède. Non, car vous mourrez de mort.

45. Prenez vos petits enfants, et après que vous les aurez sevrés, mettez aussitôt ma loi dans leur bouche :

46. Et que vos enfants ne connaissent que ma loi, jusqu'à ce que la plante de leurs pieds soit arrivée à son dernier développement, et que leur bouche ait appris toutes les paroles de la sagesse.

47. Qui a des oreilles pour entendre, qu'il entende ce que le Seigneur dit aux nations.

48. Nations, souvenez-vous de ces paroles.

Celles-ci sont les visions de prophétie qu'a vues Zacharie prophète, fils de Loammi, fils de Débelaïm, fils de Judaïa, laquelle fut fille d'Odaïa et fille d'Hananie, chef de la religion et docteur dans les synagogues, parmi les tribus dispersées du peuple qui n'est plus le peuple de Dieu.

Et les choses que le fils de Juda a vues, il les a écrites sur le livre du Voyant qui est celui-ci, et selon qu'il lui a été ordonné. Et ce qu'il a écrit est la vérité, et ce qu'il a vu arrivera en son temps.

Paroles de Zacharie, allez, tombez sur la terre comme la semence vive et féconde; croissez, multipliez-vous, remplissez l'univers : et que ceux qui vous reçoivent soient sauvés au jour du Seigneur.

Que le Seigneur soit avec les enfants des hommes, et que son esprit soit avec leur esprit.

Gloire à Dieu le Père, et à Jésus son fils, et à l'Esprit-Paraclet, dans le ciel des cieux — et paix sur la terre aux hommes de bonne volonté. Amen.

TABLE DES MATIÈRES

Préface...		1
Prologue..		1

PREMIÈRES PAROLES DE PROPHÉTIE SUR L'EMPIRE D'AQUILON.
Le dragon. — Ses combats. — Ses conquêtes.

Chapitres			
I.	—	Zacharie enlevé en esprit...................	9
II.	—	L'empire d'Aquilon et les ténèbres.............	11
III.	—	Le dragon...............................	13
IV.	—	Les membres du dragon.....................	15
V.	—	Le grand cercle noir.......................	17
VI.	—	Les langues. — Les enveloppes avec leurs noms. — Les dards. — La croix renversée................	19
VII.	—	Le cœur du Dragon et les causes. — Parole de malheur contre le Dragon............................	23
VIII.	—	Le roi d'Aquilon...........................	25
IX.	—	Le bruit qui vient de l'Occident. — Le prophète de Karizm...................................	27
X.	—	Le Lion. — Sa venue. — Son retour............	29
XI.	—	Le tombeau du Lion........................	32
XII.	—	Partage des dépouilles. — Les rois séduits. — Un sénat. — Autre parole de malheur...................	34
XIII.	—	Signes et symboles.........................	37
XIV.	—	L'haleine du Dragon, les langues et les dards à Javan. — Mort du roi d'Aquilon. — Autre parole de malheur.	42
XV.	—	Un nouveau roi d'Aquilon...................	44
XVI.	—	L'œuvre du nouveau roi d'Aquilon. — Conquêtes du Dragon.................................	45
XVII.	—	L'esprit de la fatalité d'Aquilon. — Combat à Jérusalem. Menaces à Istamboul.........................	48
XVIII.	—	Le second Lion — Un autre roi d'Aquilon. — L'approche de la lutte.............................	50
XIX.	—	Satan et Michel............................	52
XX.	—	Le nombre incomplet et les comptes non justes......	56
XXI.	—	La verge de fer et les vases de terre. — Les esprits de ténèbres dans le monde. — La colère du Seigneur. La Femme du ciel. — La parole sainte du Capitole.	60
XXII.	—	Nouveaux ébranlements. — Les nations encore une fois sauvées par l'Avocate du ciel. — Nouveaux crimes des nations. — La main de Dieu déchaînée. — Terrible épreuve. — Paroles du seigneur à Pierre fils de Céphas.................................	64
XXIII.	—	Guerre. — Un chef d'armée. — Paix. — Encore	

	un roi d'Aquilon. — Ses œuvres. — La salle sombre et le cadavre............	67
XXIV. —	Le crible et les sept coupes. — Grande vision sur l'Orient............	75

QUELQUES RÉFLEXIONS DE L'ANACHORÈTE.
LES INFORTUNES DU VOYANT.

LOAMMI.	85
ANGÉLIE.	108

DEUXIÈMES PAROLES DE PROPHÉTIE SUR L'EMPIRE D'AQUILON.

Chapitres	La main de Dieu sur le dragon et l'arrivée du jour.	
I. —	Le fils de l'abîme. — Son tour. — Ses paroles........	141
II. —	Satan et l'ange du Calvaire.............	146
III. —	Satan et le faux prophète............	151
IV. —	Le dernier roi de l'Aquilon............	155
V. —	Nouvelles conquêtes du Dragon...........	157
VI. —	France et Ibérie............	158
VII. —	La grande blessure guérie. — Le pouvoir du Dragon. — Clémence imprudente............	160
VIII. —	La croisade............	162
IX. —	Les dernières conquêtes du Dragon............	166
X. —	Le mystère de la main étendue............	170
XI. —	Les trônes............	172
XII. —	Le dernier synode. — Le saint d'Hiérosolyme.......	181
XIII. —	La bête aux deux cornes............	184
XIV. —	Les paroles de l'homme du grand trône............	189
XV. —	Le compte des iniquités............	193
XVI. —	L'ange de l'empire d'Aquilon............	196
XVII. —	L'épée aux dix tranchants............	197
XVIII. —	Michel............	199
XIX. —	Les coupes et l'épée............	201
XX. —	La septième coupe............	209
XXI. —	Les restes et la consommation dernière............	210
XXII. —	La croix............	212

CANTIQUE DE ZACHARIE PROPHÈTE. 214

PAROLES DU SEIGNEUR AUX NATIONS.

I. —	Aux nations du Septentrion qui se disent réformées.	225
II. —	Aux nations du Couchant qui sont dans la vraie voie.	226
III. —	Aux nations du Midi............	227
IV. —	Aux nations de l'aurore............	*ibid.*
V. —	Aux fils de Juda............	228
VI. —	Aux Princes de mon Eglise............	229
VII. —	A toutes les nations la dernière parole............	231
	Epilogue............	232

Paris. — DE SOYE et BOUCHET, imprimeurs, place du Panthéon, 2.

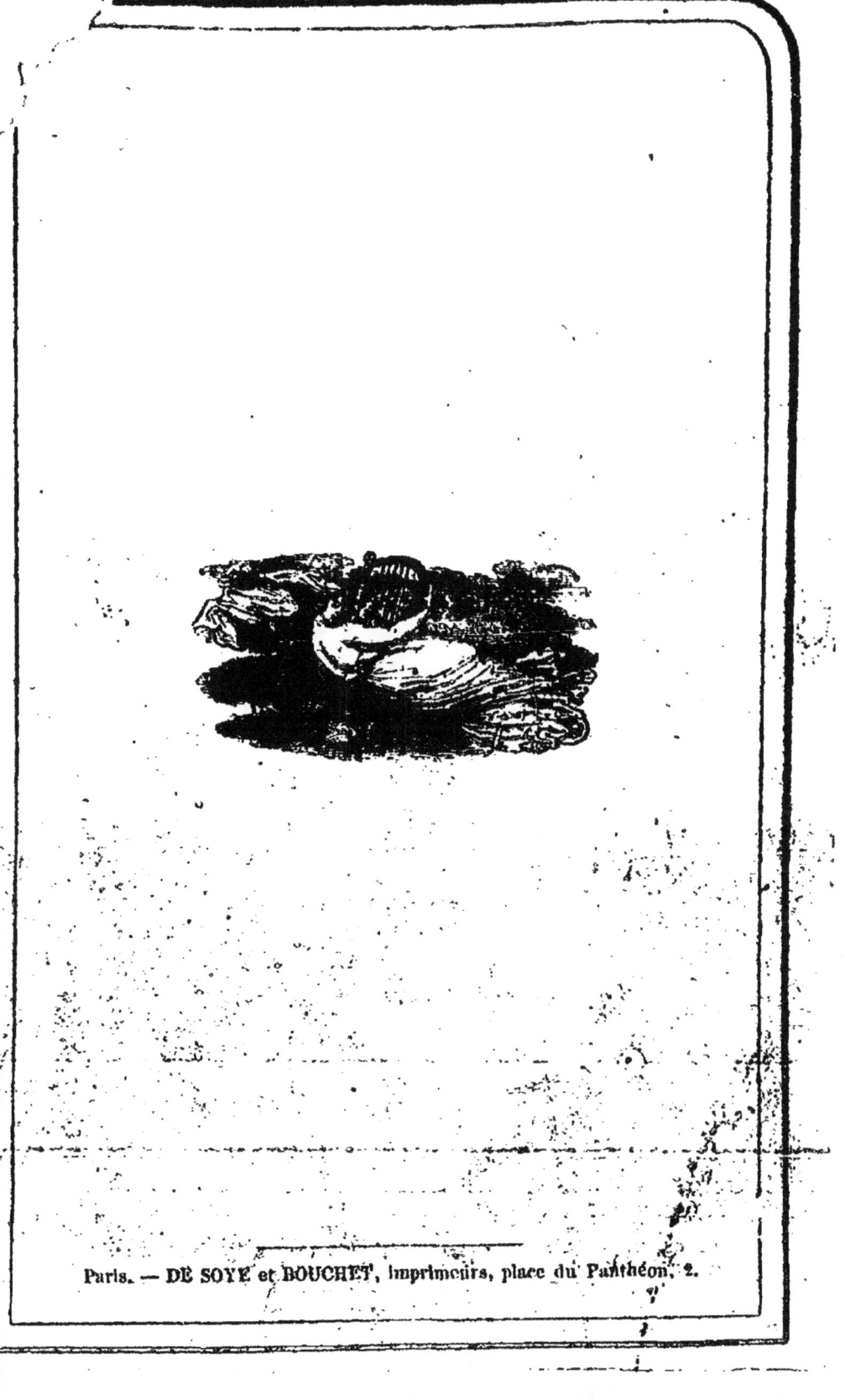

Paris. — DE SOYE et BOUCHET, imprimeurs, place du Panthéon, 2.

www.ingramcontent.com/pod-product-compliance
Lightning Source LLC
Chambersburg PA
CBHW070528170426
43200CB00011B/2357